Don Giovanni fährt Taxi

Gerhard Stadelmaier
wurde 1950 in Stuttgart geboren, ist in Schwäbisch Gmünd aufgewachsen, lebt in Bad Nauheim, hat in Tübingen Germanistik und Geschichte studiert und daselbst bei Wilfried Barner mit „Lessing auf der Bühne" promoviert. War danach Redakteur im Feuilleton der Stuttgarter Zeitung – eine schwäbische Laufbahn, die sich 1989 ins hessisch Weltblattläufige weitete, wo er bis 2015 der fürs Theater und die Theaterkritik zuständige Redakteur im Feuilleton der Frankfurter Allgemeinen Zeitung war.
Ausgezeichnet wurde er u.a. mit dem Hildegard-von-Bingen-Preis für Publizistik und dem Deutschen Sprachpreis.
Zuletzt erschienen von ihm die Bücher „Liebeserklärungen. Große Schauspieler, große Figuren" (2012), „Regisseurstheater. Auf den Bühnen des Zeitgeistes" (2016) sowie der Roman „Umbruch" (2016).

Gerhard Stadelmaier

Don Giovanni fährt Taxi

Novelletten

k,n

Gewidmet den Klaviergeistern aus Schumanns op. 21, mit Dank auch an Max Frisch, Marina Zwetajewa, William Shakespeare, Lorenzo da Ponte, Patrick Süskind – und alle unerhörten Frauen.

Inhalt

Die Frau mit der Schlange

Das letzte Klingelzeichen war verklungen. Langsam ging das Licht im Saal aus. Das Stimmengemurmel der Zuschauer wollte schon verstummen, als noch ein paar Zuspätkommer sich durch die Reihen auf ihre Plätze zwängten, was unter dem einen oder anderen leise hervorgekeuchten „Pardon!“ eine kleine peinliche Unruhe unter denen auslöste, die dadurch zum kurzen unbequemen Aufstehen genötigt wurden. Dann aber kehrte endlich gespannte Ruhe ein, und der Zuschauerraum war in ein mildes, geheimnisvolles Dunkel getaucht. Das ist ja immer der Moment im Theater, wo man der Gnade des Noch-nicht-enttäuscht-sein-Dürfens teilhaftig wird, der Erwartung des Größten, Wunderbarsten, des großartig Kommenden, von dem man noch nichts weiß, aber alles erhofft. Es ist die Gnade der Stunde beziehungsweise der Minute Null. Alles noch jungfräulich schön, noch nichts versaut. Als aber der Vorhang aufging und grelles Licht die Bühne flutete, die einer großen, in blassem Blau gestrichenen, sich perspektivisch verengenden, leicht gekippten Schuhschachtel ohne Schlupfloch und Entkommensmöglichkeit glich, war es dann gleich wieder so, dass die Zuschauer, hineingeworfen in den Schmerz einer Sofort-Enttäuschung aller Hoffnung und in einer Art qualvoll krampfiger Mischung aus Scham und Neugier gleich zu Beginn gar nicht wussten, wohin sie noch schauen sollten.

Denn das helle Bühnenlicht fiel auch auf die erste Zuschauerreihe, die man für das normale Publikum gesperrt hatte, wo aber jetzt drei splitternackte Männer, eine ebenso nackte Frau und dann noch eine Dame ins Auge fielen, letztere freilich mit einem kurzen, seidenen, halbärmeligen dünnen Morgenrock bekleidet. Die fünf enterten die Bühne, wo sie ohne ein Wort zu sagen ungefähr eine Viertelstunde lang sich mit Farben beschmierten, die in großen Plastikeimern bereit standen. Einer der Herren färbte sich gelb ein: Er wollte ein Löwe sein. Ein anderer Herr bemalte sich ganz schwarz und zog sich viele weiße Streifen ins Schwarze: aha, ein Zebra. Der dritte Herr überschüttete sich nicht mit Farbe, sondern mit Klebstoff, den er mit vollen Händen seinem Körper applizierte, worauf er in einen Karton mit vielen bunten Vogelfedern griff und sie auf sich verteilte, so dass sie an Beinen, Rumpf, Armen und vor allem an seinem Geschlechtsbaumelteil haften blieben: Er sagte dann endlich von sich, er sei ein Marabu. Man wäre sonst kaum darauf gekommen. Die eine, ganz nackte Dame überzog Kopf, Haar und den in allen anatomischen Einzeloffenteilen frei präsentierten Leib mit einer blassen gelben Schmiere, in die sie mit einem Pinsel viele bunte Flecken tupfte: Sie wolle eine Ginsterkatze sein, sagte sie. Die angezogene Dame aber tat nichts dergleichen, sondern setzte sich nur eine große, kunstvoll mit langen, spitzen Hörnern verzierte gummiplastische Maske über den Kopf: Sie musste gar nichts dazu sagen; man sah ihr sofort an, dass sie eine Antilope zu spielen haben würde.

Es ging dann im Verlauf der folgenen zwei Stunden darum, dass in dem Drama, das die vier Ganznackten und die eine Halbnackte darboten, fünf Schauspieler seit sechs Jahren jeden Abend dasselbe Stück um Löwe, Zebra, Marabu, Ginsterkatze und Antilope spielen. Und dass das Stück jetzt abgesetzt wird, und der Marabu zukünftig eine Ketchup-Flasche, der Löwe ein Spiegelei, die Ginsterkatze eine Pfeffermühle und die Antilope ein Toastbrot mimen sollen. Nur der Zebra-Darsteller ist gut dran, er wird nach New York abhauen und Werbespots drehen, in denen er „eine Frau über eine Pfütze trägt" und also Karriere macht.

Die Zuschauer sahen unter verlegenem Räuspern, zaghaft gewagtem Gelächter und peinlich berührtem Voyeurszwang, dass sie eigentlich nicht zusehen mochten, wenn andere sich ihre Intimitäten einfärben. Die Schwabbel- oder Hungerhaken-Schniedelwutz-Anatomie der Schauspieler, ihr privatest Körperliches, für das sie nichts konnten und aus dem sie auch unter gar keinen Umständen ein Spiel, also Theater machen konnten, weil sie diese ja auch außerhalb aller Kritik stehenden Anhängsel anders als ihr Gesicht, ihren Verstand, ihr Temperament und ihr Herz, anders als also ihr Innerstes natur- und anatomiegemäß nicht zu irgend einer Verwandlung verwenden konnten – machte aus dem Reich der Tiere, von dem das Stück im Stück etwas erzählen sollte, ein Pimmelreich der Schmiere. Es herrschte denn auch bis hin zum sehr enden wollenden Beifall am Schluss eine Stimmung im Publikum, die hauptsächlich nach Erlösung von all dem Schwachsinn verlangte nach dem Motto: Wer spricht von Vergnügen? Überstehen ist alles! Man schaute ständig auf die Armbanduhren, blätterte im Programmheft und hoffte gequält darauf, dass es endlich vorbei sein werde.

Hätte man sich mit dem Rücken zur Bühne in den Zuschauerraum gesetzt, hätte man über die Reihen und Ränge hinweg in Hunderte von unglücklichen, gelangweilten, peinlich berührten Gesichtern geschaut. Nur ein Antlitz strahlte vor Glück an diesem Abend. Nur ein Mund juchzte und jauchzte und stieß Entzückensschreie aus, die vom bebend erregten Brummen in der Brust bis zum spitzen Gaumendiskant sich erstreckten. Das alles kam von einer Dame in Reihe fünf. Den neben ihr Sitzenden war das offensichtlich ziemlich peinlich. Man rückte ab von ihr, so gut das ging. Man entkam ihr aber nicht. Denn es war die ehemals berühmte Schauspielerin Eva E., die da saß und sich vor Begeisterung nicht mehr einkriegte. Und sie demonstrierte nicht nur laut und überdeutlich und dominant, dass sie unüberseh- und unüberhörbar anwesend war. Sie spielte auch eine große, verzweifelte Szene, die man mit „Ich bin doch auch noch da!" hätte übertiteln können. Ein paar Reihen hinter ihr stupften einander altgediente Theatergänger kurz mit den Ellenbogen und flüsterten: „Schau sie dir an, ist das nicht grotesk?"

Früher nämlich, vor ungefähr zwanzig Jahren, war sie eine berühmte, junge Schauspielerin im damals berühmtesten Theater der Nation. Sie gab dort unter den besten Regisseuren die etwas herberen Frauenrollen, jene genießerischen, erlesen derben Weiber, die mehr im Leben standen als in den Träumen schwebten, von denen ihre ätherischeren Kolleginnen immer so schön, so gebrochen, so durchfühlt und durchdacht kündeten und darin wirkten wie Königinnen. Sie war eher die Landedelfrau, die Lady in Gummistiefeln, die aber selbstverständlich aus alleredelstem Gummi und handverfertigt waren. Sowohl das unheimlich Schöne, das erhaben Gebrochene, das wahnphantasievoll Durchfühlte wie das erdhafte Derbe, das sinnlich Genießerische und das erotisch Blutvolle wurde an ihrem alten Theater auf dem Niveau großer Kunst und Fertigkeit dargeboten. Man war dort alles Mögliche, nur nicht gewöhnlich. Man war extraordinär, nicht ordinär.

Nun sind aber die Jahre, die vergehen und in den Brunnen der Vergangenheit plumpsen, mitleidlos, besonders mitleidlos aber mit alternden Schauspielerinnen. Und die Theater gehen da noch mitleidloser mit den Jahren und Zeiten. Rollen für Frauen zwischen fünfzig und sechzig gibt es ohnehin kaum. Dafür haben schon die von Haus aus ungerechten Dramatiker gesorgt, die in ihren Werken, die sie sich zwar als unvergängliche vorstellen, die Vergänglichkeit von Frauenfrische dadurch berücksichtigen, dass sie dem „frischen jungen Blut“ (Goethe, „Faust“) das hauptsächliche weibliche Figuren-Feld überließen, während sie den runzelig gewordenen alten Männerfiguren Bombenrollen („Achtzig und darüber“, wie König Lear mit seinem Alter prahlt) auf die gebrechlichen Körper schrieben. Es gibt halt keine alte Henriette Faust, die durch eine Hexenküche geht und so eine strahlende sexy Verjüngung spendiert bekommt. Dies Privileg hat allein der alte Knochen Heinrich Faust.

Außerdem ist das Theater sowieso eine einzige große Ungerechtigkeits- und Aussonderungsmaschine: Es liebt und beschäftigt nur die Aktuellen. Zu denen, die passé sind, ist es hässlich. Es übersieht sie einfach. Und Frauen sind, wir sagten es schon, früher passé als Männer. Eva E.

aber wollte einmal noch wirklich und wahrhaftig und vernehmbar und sichtbar: dabei sein! Also schrie sie an diesem Entblößungsabend und kicherte und kiekste und agierte – vom Zuschauerraum aus. Und suchte flehentlich den Augenkontakt mit den Kollegen auf der Bühne, die zwar in ihrem Stück im Stück spielten, wie Schauspieler vom Theater verjagt werden, aber es doch geschafft haben, immer noch mitzutun bei einer Uraufführung und am Ball zu bleiben und in den großen Feuilletons gewürdigt zu werden – und natürlich selbst noch einen Verriss als Würdigung zu würdigen wissen. Das Schlimmste wäre eine Nichterwähnung.

Als Eva E. nach der Vorstellung ins Foyer trat, jubelte sie so lauthals, dass alle, die nach ihren Mänteln und Hüten anstanden, mitbekamen, dass sie die Kollegen da droben bewundere dafür, dass die das mit der Nacktheit und den Farben und Federn und eben „alles so toll in die Konsequenz getrieben" hätten. Und sie wiederholte diesen Satz über das toll in die Konsequenz Getriebene drei Mal. Und tat dies so nachdrücklich, dass sie den Herrn erst gar nicht bemerkte, der hinter sie getreten war und sie endlich kurz an der Schulter berührte. So dass sie sich zu ihm umdrehte. Und es kamen ihr vor Überraschung und Freude fast die Tränen. Denn es war der Intendant des Hauses. Er deutete eine kleine schlaksige Verbeugung an und sagte: „Sie sind mir aufgefallen!" Dann bat er sie in sein Büro. Dort forderte er sie liebenswürdig auf, doch Platz zu nehmen, baute sich hinter seinem Intendantenschreibtisch auf und sagte, dass er nicht viel Zeit habe, gleich zur Premierenfeier müsse, ach ja, ob sie nicht mitkommen wolle? Ein Angebot, das sie freudig nickend sofort annahm. Er wolle aber hier nur kurz und unbehelligt vom Premierenfeiertrubel sie fragen, ob sie sich vorstellen könne, an seinem Haus das Käthchen von Heilbronn zu spielen. Der Gedanke sei ihm ganz spontan gekommen, als er sie von seiner Dienstloge aus heute abend habe beobachten können. Er könne sich vorstellen, dass sie ein wundervolles, ja hinreißendes Käthchen wäre. Überflüssig zu erwähnen, dass er selber die Regie übernommen und sich etwas ganz Tolles, noch nie Dagewesenes ausgedacht habe. Wofür er keine Bessere sich jetzt vorstellen könne als sie.

Der Intendant hatte sich in eine Begeisterung, ja fast einen Rausch hineingeredet, lehnte sich in seinem Lederstuhl weit zurück, zeigte eine breite, wohl bereits von Regisseursphantasie-Einfällen geblähte Brust und ließ seine Augen zur holzgetäfelten Decke des Intendantenbüros wandern, als würden ihm dort oben gerade die ersten Szenen seiner Inszenierung als Traumbilder erscheinen. Eva E. wollte schon in eine orgiastische Glücksohnmacht fallen und dem Begeisterungsrausch des Allgewaltigen nichts an Gegenbegeisterung schuldig bleiben: Endlich nach langen Jahren wieder ein Angebot! Endlich wieder ein Auftritt in einem der großen nationalen Theater! Endlich wieder eine tolle Rolle! Endlich wieder eine Resonanz bei der Kritik! Denn ein solchen Ereignis, Eva E. als Käthchen!, konnten und durften die Zeitungen nicht links liegen lassen!

Als ihr dann doch noch ein Einwand durch den Kopf schoss, den sie ehrlicherweise auch gleich formulierte, schließlich galt sie einmal als denkende Schauspielerin: Das Käthchen sei doch ein Mädchen, von dem ihr Vater, der Waffenschmied Theobald Friedeborn sage, dass es

„Ostern, die nun verflossen, funfzehn Jahr alt war". Bitte, sie kenne den Text noch. Da kämen ja heutzutage, bei einem fünfzehnjährigen Mädchen und einem Grafen sofort peinliche Straftatbestände statt poetischer Liebeswahnsinnsverwicklungen ins Spiel. Doch das nur nebenbei. Sie gehe doch aber als Mittfünzigerin oder „Mittfunfzigerin", wie Theobald sie nennen würde, schon auf die sechzig zu. Ob da eine Besetzung dieser Rolle mit ihr nicht ein wenig lächerlich und unpassend wirken könnte?

Ja, genau, das sei es gerade, was ihn an der Idee so ausnehmend reize, das Käthchen mit ihr zu besetzen. „Erst haben meine Dramaturgen und ich daran gedacht, dieses Mädchen durch einen ganzen Frauenchor darstellen zu lassen, weil das Kätchchen ja für uns alle Frauen mit meint, stellvertretend als knechtisches Opfer einer Männerphantasie, die es ja bekanntlich gerne hat, wenn eine Frau hinter dem Manne her kriecht und sich ihm ausliefert mit Haut und Haar. Und wir hätten da gern eine Gruppe von nackten Furien dem Grafen Wetter vom Strahl nicht hinterher kriechen, sondern ihm hinterher wüten lassen, in ganz raschem Staccato, verstehen Sie?" – Eva E. verstand nicht, nickte aber trotzdem mit dem Kopf. „Wir hätten, nein ich hätte diese Furien den Grafen von Strahl zerreißen und zerfleischen lassen wie die vom Dionysos besoffen gemachten Mänaden den Pentheus in den ‚Bakchen', verstehen Sie?" – Eva E. verstand nicht, nickte aber trotzdem mit dem Kopf. „Und dann hätten sich auch schon im ‚Käthchen' die Bisse auf Küsse gereimt, was sich der Kleist dann sonst nur in der ‚Penthesilea' getraut hat. Mein ‚Käthchen' wäre eine ‚Penthesilea von Heilbronn' geworden. Aber dann kam meinen Dramaturgen das doch zu dekonstruktivistisch vor, zu viel ‚Gewichse am Zeichenapparat' wie der Chefdramaturg gemeint hat. Bitte, ich hätte mich durchsetzen können, schließlich bin ich der Intendant, aber man ist ja so gutmütig, meine große Schwäche, müssen Sie wissen!" – Eva E. wusste es nicht, nickte aber trotzdem mit dem Kopf.

Der Theaterdirektor starrte jetzt gedankenverloren in den Aschenbecher, der vor ihm auf dem Schreibtisch von Zigarettenkippen überquoll, als wolle er daraus das Schicksal seiner Inszenierung lesen. Dann überfiel ihn wieder die Begeisterung, die ihn dazu gebracht hatte, Eva E. zu sich zu bitten: der Blitzeinfall in seiner Loge. „Aber jetzt, genauer seit vorher, seit ich Sie im Zuschauerraum sah und wie Sie da dem bloßen, nackten Tier Mensch auf der Bühne zugejubelt haben, weiß ich, dass ich was ganz anderes machen werde. Sie also spielen, stelle ich mir vor das Käthchen: als Frau, die alle Frauen vertritt – gegen den Grafen Wetter vom Strahl. Wäre das nicht toll? Alle Frauen, von Adam und Eva an bis heute! Die mit den Grafen vom Strahl noch eine Rechnung offen, ein Hühnchen zu rupfen haben! Das Alter spielt dabei keine Rolle, Rücksicht aufs Alter ist chauvinistisch. Die Rache ist mein, spricht die ewig junge Herrin! Wissen Sie, das wird eine total feministische Arbeit. Wer heute kein Feminist ist, hat am Theater nichts verloren, finde ich. Also Sie als Eva, Sie heißen ja auch noch so, das passt, das flutscht. Und dann sind Sie natur- und paradiesgemäß nackt, verstehen Sie?" – Eva E. verstand und nickte mit dem Kopf.

„Und dann präsentieren Sie während der ganzen Aufführung, die, das kann ich Ihnen versprechen, Theatergeschichte schreiben wird, den Clou des Abends, ach, was sage ich: den Clou der Saison, den absoluten Hammer. Sie werden, passen Sie auf, eine große schön gemusterte Boa Constrictor um den Nacken geschlungen tragen. Sie wissen was das ist?" – Eva E. ahnte es und erschrak. „Das ist eine ganz und gar ungiftige, richtig liebe Riesenschlange. Die Naturvölker nennen sie auch ‚Abgottschlange'. Bei uns im feministischen Theater würde sie natürlich zur ‚Abgöttinschlange', Sie verstehen? Aber mit diesem immerhin doch ziemlich bedrohlich ausschauenden Vieh um Nacken und Hals und eventuell Brust, das werden wir dann bei den Proben sehen, verjagen Sie unterm Holunderbusch alle Männer, für die der Schluri vom Strahl stellvertretend steht, aus allen Frauenparadiesen. Und in der Schlange ist dann sozusagen der Chor der Frauen enthalten, sie symbolisiert ihn, Frauen-Power als Reptilienfond. Die Frau hat dergestalt auch das ultimative Penis-Riesenzeichen, den schlangenhaft gigantischen geilen Superlangen, in ihrem Besitz und benutzt es als Waffe. Gegen die Männerwelt. Verstehen Sie?" – Eva E. verstand nicht, nickte aber mit dem Kopf. „Alles weitere und den Vertrag besprechen wir morgen," schloss der Chef seine Erklärung ab, „jetzt müssen wir beide Hübschen aber schleunigst zur Premierenfeier. Die Kollegen warten sicher schon. Sie werden sich auf Sie freuen, und ich ja erst: Also, herzlich willkommen zurück an Bord, liebe verehrte gnädige Frau!" So war das Engagement der Eva E. abgemacht und besiegelt.

Der Tag der Premiere des „Käthchens von Heilbronn" war gekommen. Das Stück und seine Inszenierung wurden natürlich auf den Plakaten und im Programmheft nicht als „Großes historisches Ritterschauspiel von Heinrich von Kleist“, sondern als eine „Attacke nach Frau Heinrich von Kleist“ ausgewiesen. Aus den Proben war so gut wie nichts an die Öffentlichkeit gedrungen. Aber das Wenige, das kolportiert wurde, gab doch zu allerlei Geraune und auch zu Interventionen und Glossen Anlass. Abgesehen davon, dass allein die Rückkehr von Eva E. auf die Bühne und dann auch noch in der Rolle eines blutjungen Mädchens von den einen freudig-gespannt, von anderen skeptisch-kritisch bewispert wurde, schritt der Tierschutzbund ein, nachdem ruchbar geworden war, dass eine leibhaftige lebende Riesenschlange mitspielen sollte. Es gab empörte Leserbriefe an die Zeitungen, die aber alle nur auf Spekulationen gründeten, denn was mit der Schlange auf der Bühne angestellt werden würde, wusste ja niemand. Und da die Theaterverantwortlichen absolut dicht hielten und nur in einer dürren Pressemitteilung verlauten ließen, alle tierschutzmäßigen Vorkehrungen seien unter veterinärmedizinischer und zoologischer Fachaufsicht getroffen, beruhigte sich der kleine Vorab-Sturm wieder, belebte aber den Vorverkauf ungemein.

Als dann auch noch die Theaterplakate mit der Autorschaft einer „Frau Heinrich von Kleist“ auf die Litfaßsäulen der Stadt geklebt wurden, legten sich sofort die diversen schwul-lesbischen wie auch politisch-feministischen Communities ins Zeug und trommelten Reklame für die Premiere, die im Nu ausverkauft war, auch die zehn folgenden Vorstellungen bis hinein in den übernächsten Monat waren schnell ausgebucht. Was nicht hinderte, dass schon am späteren Premierennachmittag eine kleine, tapfere Abordnung der „Partei der Gendervergessenen“ vor dem Theater aufzog und Plakate in die bereits zahlreich anwesenden Kameras diverser Televisionsanstalten hielt, auf denen stand: „Und wo bleiben die Transsexuellen?“ So kamen sie wenn nicht auf der Bühne, wenigstens in den nächtlichen Fernsehnachrichten vor.

Das letzte Klingelzeichen war verklungen. Langsam ging das Licht im Saal aus. Das erregte Stimmengemurmel der Zuschauer wollte schon verstummen, als noch ein paar Zuspätkommer sich durch die Reihen auf ihre Plätze zwängten, was unter dem einen oder anderen leise hervorgekeuchten „Pardon!“ eine kleine peinliche Unruhe unter denen auslöste, die dadurch zum kurzen Aufstehen genötigt wurden. Schließlich aber kehrte gespannte Ruhe ein, und der Zuschauerraum war in ein mildes, geheimnisvolles Dunkel getaucht. Dann ging der Vorhang auf.

Die Bühne, die im hellen Licht dalag, hatte, wenn man das so sehen wollte, und die meisten wollten, die Form einer schnürbodenhohen riesigen Vulva. Was sofort zu Unruhe unter den Frauengruppen im Saal führte. Man hörte empörtes Schnauben, halblautes Schimpfen, ein „Na, das fängt ja gut an!“ hier, und ein „Saubande, sexistische!“ dort. Dann betrat aber auch gleich Eva E. die Szene. Die Regie hatte den Beginn des Stücks, das Verhör des Grafen Wetter vom Strahl betreffend, angeklagt von Käthchens Vater der Zauberei und der Verführung seiner Tochter bei den Richtern des „hohen, heimlichen Gerichts“ der Vehme, brutal eingestrichen. Man sah eine Gruppe stummer, dumpfer, schwarz bemalter Männer, sozusagen lauter böse, schnöde Macho-Exemplare einer von vornherein obsoleten Graf-Wetter-vom-Strahl-Haftigkeit, deren sonst nackte Körper unten herum notdürftig mit den als

Unterhosen verwendeten Plastiktüten aus den Märkten eines bekannten Discounters bedeckt waren. Was das antikapitalistische Momentum, repräsentiert von den Discounter-Plastiktütenunterhosen, und das antimaskuline Momentum, dargestellt durch die amorphe, stumme Mannsmasse, aufeinander beziehen sollte. Derart jedenfalls äußerte sich der Chefdramaturg, der eine halbe Stunde vor Beginn der Premiere für die Freunde und Förderer des Hauses in den Räumen des Theatercafés eine Einführung in die Konzeption der Inszenierung gab.

Eva E. war nun aber, entgegen der ursprünglichen Regie-Intention des Intendanten, nicht nackt. Das heißt, sie war nur scheinbar nackt. Sie hatte sich mit dem energischen Verweis auf ihre Karriere von vor zwanzig Jahren als edle Land-Lady im berühmtesten deutschen Nobeltheater durchgesetzt und trug nun eine Art hautfarbenen, dünnen, raffinierten, ganz dicht anliegenden, aber auch eben blickdichten Ganzkörperstrumpf. Er verbarg ihre Nacktheit weniger als dass er sie durch die Scheinverhüllung eher betonte. Brust- und Schambereich waren durch dementsprechende kunstvolle, wiewohl verfremdend grelle Bemalung der dünnen Hülle auch noch besonders hervorgehoben. Um die Schultern hing ihr die Boa. Ein schönes, schuppiges Riesenexemplar. Unruhe kam auf im Publikum. Es machten sich Sorgen und Verdächte breit. Man ahnte Schlimmes.

Denn sei es, dass die Schlange eine geraume Zeit vor ihrem ersten Auftritt zu gut mit den einschlägig angeschafften Ratten und Mäusen gefüttert wurde, sei es, dass das Reptil noch dazu durch die starken Beruhigungsspritzen, mit denen man die kleinen Nager unter veterinärmedizinischer Aufsicht für ihre Verdauungsreise durch die Schlange hindurch zum Stillhalten gebracht hatte, nun ebenfalls stark sediert war – jedenfalls hing die Boa wie ein schlaffes dickes Seil der Schauspielerin beidseitig von den Schultern herab. „Die ist ja tot, das arme Tier!", klang es halblaut, aber vernehmlich vom ersten Rang herab. „So eine Schande!", zischte es aus dem halblinken Parkett, Reihe sieben, Seite. „Schweinerei!", fauchte eine ältere Damenstimme. „Nö", höhnte ein Schandmaul unweit davon, „eher eine Schlangerei!" – Dem antwortete Gelächter, dem wieder ein „Unmensch!" entgegengeschleudert wurde. – „Pssst!" – „Ruhe!" – „Selber pssst!" Die Unruhe griff um sich. Die Aufführung war schon in Gefahr, noch bevor sie richtig begonnen hatte.

Da trat Eva E., die mutige, alte edle Land-Lady des einstmals berühmtesten Theaterhauses der Republik, so nackt, wie sie schien, frontal an die Rampe und hielt die schlaffe Schlange mit beiden kräftigen ausgestrecken Armen hoch über ihren Kopf. Das tat seine Wirkung. Es wurde wieder still im Raum. Und sie begann: „Vor meinen Richter hat man mich gerufen." Sie sprach das ganz im Sinne der antimachohaften Regie-Intention mit höhnischer, böser Stimme. Und dann, noch höhnischer, noch böser und entlarvender: „Vermummt von Kopf bis Füßen sitzen sie,/ Wie das Gericht, am jüngsten Tage, da!" Es war nun vorgesehen und auch so geprobt worden, dass sie als Frau aller Frauen gegen jeden der auf der Bühne herumlümmelnden Kerle mit der Schlange als Waffe eine Attacke führen sollte. Sie hätte das Tier vor den „Macho-Visagen", wie der Regisseur sie nannte, aggressiv herumbewegen sollen, so dass es ausschaute, als verabreiche sie den Burschen, Stellvertreter aller Männer auf Erden, lauter Schlangenohrfeigen.

Die Boa, immer noch halb schlaff, hatte schon die Erhebung über Evas Haupt mit langsam wieder einsetzender Vitalität und Spannkraft quittiert, die sie nun aber auch, bedingt durch den fast totalen Ruhezustand vorher, unruhig machte. An Probenverabredungen konnte sich das Tier reptiliengemäß nicht erinnern. Und so reagierte die Schlange, von Eva E. mit Schwung und Pathos gegen die Gesichter der halbnackten schwarz Gefärbten in ihren Discounterplastiktütenunterhosen geschleudert, panisch. Sie drehte ihren schön gezeichneten spitz zulaufenden Kopf her zu Eva E., züngelte kurz – und biss die Schauspielerin tief in den Arm, der das Tier schleudernd bewegte. Ein Schmerzensschrei der Gebissenen auf der Bühne. Dazu viele Schreckensschreie der Mitleidenden im Zuschauerraum. Der Vorhang fiel rasch. Der Inspizient hatte geistesgegenwärtig das Nötige veranlasst. Der Intendant und Regisseur trat vor das Publikum, entschuldigte sich und die Boa („Sie kann ja nichts dafür") und erklärte im übrigen den Abend für beendet; man werde die Kosten für die Eintrittskarten selbstverständlich rückerstatten.

Eva E. musste zur Wundbehandlung und -heilung ein paar Tage ins Krankenhaus. Der Biss der Boa Constrictor war nicht giftig, aber doch sehr schmerzhaft. Nach zwei Wochen stand Eva E. wieder auf der Bühne. Die abgebissene Premiere wurde an diesem Abend nachgeholt. Die lebende Schlange wurde gegen ein ausgestopftes Exemplar ersetzt, das aber so glänzend aussah, als lebe es. Die Kritiker überschlugen sich vor Begeisterung und meinten wie vom Intendanten prophezeit, diese Aufführung habe

„Theatergeschichte geschrieben“. Ihrer Bettnachbarin in der Klinik, einer freilich nicht sehr theaterinteressierten Dame, hatte Eva E. stolz vorgeschwärmt, wie sie im Dialog mit einer Riesenschlange einmal „das Theater ganz toll in die Konsequenz“ getrieben habe.

Primadonnen

Es war ein Wahnsinn, das wusste sie von Anfang an. Nie hätte sich Francesca auf diese Sache einlassen dürfen, auf dieses Abenteuer „aus der Mottenkiste“, wie sie es zwar verächtlich nannte, dabei aber es auch mit durchaus eingestandener Erregung genoss, dass die Mottenkiste aus purem Gold war. Nicht nur, was die nicht unerheblichen und äußerst großzügigen pekuniären Aspekte anging, und Francesca war auf dieses Geld sehr angewiesen, sie hatte seit Monaten kein Engagement mehr. Sondern auch die inhaltlichen. Denn die Mottenkiste barg ein Juwel. Wenn auch ein leicht mit dem Staub vieler Jahre überzogenes. Und sie war sozusagen ein Teil der Fassung des Juwels. Den anderen Teil bildete Faustina, ihre Kollegin. Und Konkurrentin. Und Todfeindin. Dabei waren sie sich äußerst ähnlich in Temperament, Charakter und Allüre.

Beide, Francesca und Faustina, Francesca ein Sopran mit schwirrend reinen Engelshöhenzungen, Faustina ein Mezzosopran mit edel vibrierenden Tigerbrusttiefentauchgängen (fast schon in Alt-Nähe), wie die Kritiker sie rühmten, hatten vor zwanzig Jahren in London in Händels „Alcina“ brilliert. Francesca in der Titelrolle der morgenländischen Zauberin, Faustina als von ihr verzauberter und auf der Zauberinsel gefangen gehaltener Geliebter Ruggiero. Eine Rolle, die 1735 bei der Uraufführung der

Oper am selben Ort, nämlich in Covent Garden, der berühmte Mezzosoprankastrat Giovanni Carestini, genannt „Il Cusanino", übernommen hatte, der, so ein zeitgenössischer kritischer Beobachter, die Fähigkeit besaß, „auch in schwierigen Bereichen der Bruststimme mit großer Deutlichkeit wunderbar zu gestalten"; und jeder, der Carestini noch nicht gehört habe, sei mit der allerhöchsten Kehlkopfkunst („the most perfect style of singing") noch nicht in Berührung gekommen. Und also ein armer Wicht. So aber, wie die Musikkritiker sich in ihren Lobesräuschen auf Francesca und Faustina überschlugen, damals noch, vor zwanzig Jahren, hätte man meinen können, dass die armen Wichte, die da nicht dabeigewesen waren, ebenfalls das Allerbeste an Gesangs- und Ausdruckskunst versäumt hätten.

Es hatte zu regnen begonnen. Und auf der Frontscheibe des schon etwas älteren, aber immerhin mit einem Navigationsgerät versehenen Škoda Octavia, den Francesca chauffierte, verlief sich der von entgegenkommenden Lastwagen aufgewirbelte Straßenschmutz in breiten Schlieren, die von den kurzatmig-hektisch übers Glas kratzenden Scheibenwischern kaum bewältigt wurden. So steuerte sie mit krampfhaft vorgestrecktem Kopf und angestrengt durch die dünne Matschepampe starrenden Augen in ängstlich gedrosseltem Tempo immer parallel zur Eisenbahnstrecke, die sich am kleinen Müglitzfluss entlang schlängelt, auf die tschechische Grenze am Südabfall des Erzgebirges zu. Der Himmel dunkelte in tief hängenden Wolken, der Abend war nicht weit, die ersten Bordstein- oder besser Parkplatzschwalben hatten an den baumumstandenen Rastbuchten am Straßenrand Posten bezogen, um fernfahrende Freier anzulocken. Und im Hintergrund im dichtbelaubten Baumschatten warteten wohl der eine oder andere Händler, der Crystal Meth im Angebot hatte.

Die Atmosphäre vollkommener Trostlosigkeit, von Trübsinn und Bedrohung griff auch nach Francescas Gemüt. Und sie begann sich und die Welt, besonders aber den Welttheaterwahnsinn, zu dem sie sich hatte breitschlagen lassen, zu verfluchen. Und brummte Worte und Ausdrücke vor sich hin, die besser zu den Nutten am Wegesrand gepasst hätten als zur „größten Sängerin aller Zeiten", als die sie sowohl die Kritiker wie die Impresarios titulierten. Dass sie dasselbe auch mit der Faustina taten, störte nicht weiter, es gehörte zum „Größte aller Zeiten"-Geschäft, das verkaufsfördernde Superlative heute so, morgen schon wieder anders ringsum verschleudert.

Die Aufführung der Londoner „Alcina" nämlich hatte nicht nur gewaltigen Rumor, sie hatte auch Sensation und Skandal gemacht. Der Rumor bezog sich auf eine Ausstattung und auf Kostüme, die in barocker Pracht und in kostbarstem Prunk glänzten. Sie und die Faustina trugen turmhohe Perücken, über und über bestickt mit Glitzerschmuck, der in üppigen Girlanden um die Haartürme geschlungen war, weit ausladende Reifröcke, brokatumsaumte Mieder, Schühchen, aus lauter Goldschnüren gewirkt. Die Zauberinsel der Alcina bildete eine Bühnenlandschaft aus Tempelchen, von zierlichen Säulen umrandet, in allen Frühlingsfarben bunt blühenden Sträuchern, zwischen denen sich Grotten aus goldbesetztem Alabaster zeigten. Dazwischen war aber noch reichlich Platz für den Auftritt des Balletts, das lauter Amoretten um einen Gott

Amor herumtanzen ließ, der in der Gestalt der Prima Ballerina des Hauses ohne Reifrock, Rock oder Mieder mit offenem Haar auftrat und außer Korsett und Petticoat ein einfaches Musselinkleid trug, das er wie einen Schleier um den Körper geschlungen hatte. Wozu er Pfeil und Bogen, die weithin treffenden Waffen des Liebegottes, schwang. Damit, ganz abgesehen von dem gigantischen barockgetreuen Aufwand drumherum, war die Aufführung tief ins achtzehnte Jahrhundert zurückgetaucht. Zumal die Beleuchtung – wenigstens nicht hauptsächlich – keinesfalls aus der großen elektrischen Anlage des Opernhaus bezogen wurde, sondern aus hunderten von kleinen Schirmlaternen kam, die am Bühnenrand aufgereiht waren. Was der Zauberinsel erst das rechte Zauberlicht gab. In den Bühnenhimmel, der in einem herrlichen Dunkelblau erstrahlte (wofür dann wieder die große elektrische Lichtanlage verantwortlich war), sah man hell strahlende, wie im schwerelosen Dahinsegeln begriffene Wolken gehängt.

Die Sensation der Aufführung aber waren erstens die Stimmwunder der beiden Primadonnen, die den am Ende verlorenen Liebeskampf zwischen der Zauberin und dem Verzauberten, der von seiner als Mann verkleideten Braut aus den Fängen der mit Vergessenstränken und allen barocken erotischen Reizen tricksenden Eilandsbuhlerin befreit wird, aussangen, als ginge es in jeder Note, jeder Koloratur, jedem gejubelten Spitzenton und jedem verhauchten Seufzer allein um Leben und Tod. Zweitens trug zum Sensationscharakter dieser „Alcina“ das Orchester bei, das erstmals in der Geschichte von Covent Garden auf historischen Instrumenten mit historischen Darmsaiten und

Holzbläserrohrblättchen spielte. Hart, dramatisch aufgeladen und kontrastreich. Und dies in zum Teil wahnwitzigen Tempi, die den beiden Primadonnen aber nichts auszumachen schienen, sie im Gegenteil noch derart beflügelten, dass sie gerade in den allerschnellsten Teilen ihre Stimmen ganz ruhig und gelassen und entspannt aus geläufigsten Gurgeln darboten.

Sowohl Francesca als auch die Faustina waren damals Mitte, Ende dreißig und auf dem Höhepunkt ihres Könnens, der Fülle und der Wendigkeit ihrer lyrischen und dramatischen Kunst. Francesca eher schlank und hoch und schön, strotzend, doch nicht von Fett: jeder Zoll eine Zauberin. Die Faustina eher gedrungen, aber hübsch und kokett, stämmig, doch nicht auf tönernem, sondern auf federndem Fuß: jeder Zoll eine Liebhaberin.

Dass sie sich mochten, konnte man nicht sagen. Sie beäugten sich zwar misstrauisch und ließen vom Inspizienten jeweils die Länge der Beifallstürme akribisch messen, die sie ernteten (es blieb sich meistens gleich), aber sie respektierten sich. Und waren ja auch professionell genug, um es miteinander auf der Bühne auszuhalten. Bis zu jenem Abend gegen Ende der Spielzeit, an den Francesca auch heute noch nur mit Schaudern, Wut und Entsetzen dachte. Und sie dachte jetzt daran. Sie war kurz davor, bei einbrechender Dunkelheit und immer stärker losprasselndem Regen, der wenigstens den gröbsten Schmutz von der Windschutzscheibe spülte, den Grenzort Cinovec zu erreichen, als plötzlich ein ihr riesig erscheinendes Ungetüm, ein Wildschwein wahrscheinlich, von rechts her auf die Fahrbahn stürmte, sie querte und im jenseitigen Gebüsch wieder verschwand. Es musste ein kapitaler Keiler sein, eine Bache hätte ihre Jungen dabei gehabt. Francesca war zu einer verzweifelten, sekundenschnellen, kaum bewusst vollbrachten, mehr instinktiv drauflos tretenden Vollbremsung gezwungen, die aber dem Keiler das Leben rettete und ihr einen schrillen Schreckensschrei entlockte. Und sie erst völlig erstarren, danach aber weinend überm Lenkrad zusammensacken ließ. Dann kurbelte sie das Seitenfenster herunter, hielt ihren noch immer vom Schrecken erhitzten Kopf in die regendurchsprühte, kalte Nachtluft und schrie wie von Sinnen: „Faustina, du Sau!" Was in dieser Abendeinsamkeit keiner hören konnte und völlig sinnlos war, und auch den längst entflohenen Keiler gar nicht mehr traf.

Aber danach war ihr besser und leichter. Sie hatte sich unmöglich benommen, aber ein gutes Gefühl dabei. Wie damals, als ihre „Alcina" auch Skandal machte an jenem Abend gegen Ende der Spielzeit. Der Skandal hatte mit dem Orchester zu tun, will sagen mit dem Stimmführer der Bratschen. Ein hageres, milchbärtiges, wenn auch schon in die Dreißiger vorgerücktes Bürschchen. Der Frack schlotterte förmlich um seine dünne Gestalt. Er hatte große, dunkle, immer wie in ungestillten Sehnsüchten verglühende Augen. Sein in ungebändigten Locken wuchernder Haarschopf war schon ziemlich ergraut. Er saß natur- und orchesterordnungsgemäß gleich rechts vom Dirigenten am ersten Pult.

Gerade, als Alcina auf der Bühne dem Ruggiero ihre zauberhaft getrickste Liebe und Treue beteuerte und Francesca und Faustina wie im Barocktheater die Hände in zierlich emphatischer Geste auf ihre Brust legten, und Gott Amor, der Pfeil und Bogen weggelegt hatte, aus einer

Alabaster-Grotte lugte, stand der Stimmführer der Bratscher von seinem Pult auf, legte sein Instrument sorgsam auf dem Stuhl ab, breitete die Arme aus und schrie wie in hellem Wahnsinn in Richtung Bühne: „Ich liebe dich!"

Der Skandal lag nicht nur darin, dass die Aufführung geschmissen war, der unselige Bratscher abgeführt werden musste, die Presse sich in sarkastischsten Glossen erging, die selbstverständlich die schier unendliche Menge von Bratscherwitzen nun um einen handfesten neuen bereichert sahen. Der wiederum den uralten Meta-Bratscherwitz zu bestätigen schien, dass es gar keine Bratscherwitze gebe, weil alle diese von unendlicher Ungeschicklichkeit und Beschränktheit, ja nachgerade Dummheit kündenden Musikeranekdoten keine witzigen bösen Erfindungen, sondern die pure Wahrheit darstellten. Den viel gravierenderen Skandal aber bildete die Tatsache, dass gar nicht klar war, für wen denn der Bratscher so liebestoll entflammt war, dass er dafür Kopf und Kragen und Stellung und öffentlichen Hohn und Spott und Schande riskierte. Für die Faustina? Oder für Francesca?

Die beiden freilich begannen noch auf offener Szene, über die der Vorhang nicht ganz gefallen war, weil er auf halber Höhe aufgrund eines technischen Defekts angehalten wurde, sich unter wüstesten Beschimpfungen („Das habe ich nur dir zu verdanken, du Miststück!" – „Wieso mir, du wirst ihn ermutigt haben, du Schlampe!" – „Sag das noch einmal!" – „Gerne: du dreckige, kleine Schlampe, die nicht einmal vor einem Bratscher zurückschreckt!" – „Hurenmensch!" – „Bratschenmöse!") zu prügeln. Bis Perücken und Mieder und Reifröcke leidlich in Fetzen hingen. Und die Schminke in Tränenbächen zerlief.

Und dazu das Gejohle und Gelächter des Publikums. Es war zum Davonlaufen. Und sie liefen sich davon. Und waren seitdem nie mehr zusammen aufgetreten. Ihrer beider Karrieren hing von da an dieser Vorfall einerseits wie ein Bleigewicht an, andererseits aber wie ein Flügelkleid um. Keiner ihrer Auftritte ging ohne die Erinnerung an den „Alcina"-Skandal über die Bühnen der Welt, von New York über Mailand bis hin nach Wien und München.

Auf der in der Nacht kaum zu erkennenden, weil schlecht markierten, kurvenreich abfallenden Straße von Cinovec nach Dubi, von wo aus es nur noch fünf Kilometer bis Teplitz-Schönau (Teplice, wie es die tschechischen Böhmen nennen) waren, dem Zielort ihrer Abenteuerfahrt, murmelte Francesca immer nur „Wahnsinn! Wahnsinn! Wahnsinn!" vor sich hin. Gab sich aber Mühe, sich auf die regennasse, leicht glitschige Fahrbahn zu konzentrieren, auf derem Asphalt sich die Lichter der entgegenkommenden Autos grell und blendend spiegelten. So fuhr sie zunehmend verkrampft und verunsichert und einem durch den Beinahe-Wildunfall noch beförderten Nervenzusammenbruch oder mindestens einer ausgewachsenen Hysterie ziemlich nahe dem Unternehmen entgegen, das sie immer schon für wahnsinnig hielt. Auf das sie sich aber eingelassen hatte.

Es war die Idee von Sir Peter Leviathan, des Regisseurs der tief ins achtzehnte Jahrhundert hinab sich träumenden und von dort ihren unnachahmlichen historischen Glanz beziehenden Sensations- und Skandal-„Alcina", damals in London. Er hatte, selbst ein höchst angesehenes Mitglied des Garrick-Clubs, mit ein paar spleenigen, aber unermesslich reichen, ebenso angesehenen älteren Gentlemen bei einer entspannten, aber schon weit fortgeschrittenen und also dementsprechend alkoholisierten Runde auf der Basis von etlichen Flaschen zwanzig Jahre alten Armagnacs nach üppigem Club-Dinner darum gewettet, dass er die längst vom Spielplan, aber nie aus dem öffentlichen Vergessen verschwundene „Alcina"-Aufführung Note für Note sowieso, aber auch Geste für Geste und Auftritt um Auftritt, mit denselben Sängern, will vor allem sagen denselben Sängerinnen wie damals bei der Premiere auf die Beine stellen könne. Und zwar an jedem beliebigen Theaterort der Welt. Und natürlich mit den beiden großen Skandal-Primadonnen, der Faustina und der Francesca. Und ebenso natürlich mit denselben Instrumentalisten im Orchester. Und noch natürlicher auch unter der Leitung von Sir Horace Whale, der vor zwanzig Jahren das Orchester dirigiert hatte, als wollte er mit geblähten Backen und rollenden Augen und erregt fuchtelndem Taktstock ein ganzes Meer stürmisch gegeneinander tobender Liebes-Empfindungen über seine Musiker hereinbrechen lassen.

Und es würde, obwohl oder gerade weil alle damaligen Mitwirkenden zwanzig Jahre älter geworden seien, so frisch und aufregend sein wie damals am allerersten Tag beziehungsweise Abend. Einwände besonnener Club-Kollegen, dass Theater, auch das Musiktheater eine Kunst sei, die sich schlecht so konservieren lasse, wie sie einst produziert wurde, wischte Sir Peter mit einem „Ach was!"-Rülpser vom Tisch, dem er den zynischen Hinweis auf eine „Tosca" der Wiener Staatsoper folgen ließ, die seit fünfzig Jahren im selben Bühnenbild und in denselben Kostümen, bitte, wenn auch nicht mit den selben Sängern stets ausverkauft auf den Spielplänen gestanden habe und dort auch weiterhin bis in alle Ewigkeit präsentiert werde.

Also war die Wette angenommen, waren Einsätze gewagt, Unsummen von Geld ins Spiel geworfen worden, hatten ein paar durch den alten Armagnac schwer befeuerte und zu Kapriolen ermutigte Multi-Millionäre sich einen Spaß und eine Laune daraus gemacht, einmal ihr Geschäftsrisiko nicht in Investment-Brutaltollheiten oder in Warentermin-Abenteuern oder in Währungsspekulationen, sondern im Kulturellen zu suchen. Zumal dieses Kulturelle in diesem Falle so knochenhart konservativ im Sinne einer allumfassenden Konservierung daherkam, wie es den Lebensauffassungen, weniger freilich den Geschäftsauffassungen der Herren entsprach. Es passte also alles ganz wunderbar – und passte doch wiederum eigentlich zu gar nichts. Und genau darin lag für sie der Reiz der Sache. Und der Grund ihres fast grenzenlosen Finanzierungsversprechens.

Und als der halb blinde, halb lahme und länger schon auf den Rollstuhl angewiesene Senior der Multi-Millionäre, sozusagen der Club-Älteste, der gerade aus einer naturgemäß völlig nutzlosen Kur in den böhmischen Bädern nach London zurückgekehrt war, die Bedingung mit seinem halbschiefen Mund lallte, die Aufführung müsse aber im Erzgebirgischen Theater von Teplitz-Schönau stattfinden, das die „verdammten Tschechen jetzt Teplice nennen“, dort, wo schon Beethoven und Goethe, Schiller und Napoleon, Chopin und Liszt, der russische Zar, der preußische König und der österreichische Kaiser, die Mondänen und oder auch nur Demimondänen und überhaupt die ganze europäische Hautevolée ihr nutzloses Badeheil gesucht hätten, und als Sir Peter Leviathan begeistert zu diesem wahnsinnigen, im Wortsinn aparten, weil grandios abwegigen Vorschlag begeistert genickt und zur feierlichen Bekräftigung den Rest seines Armagnacs in einem Zug geschluckt hatte – stand der „Alcina"-Ausgrabung nichts mehr im Wege. Außer noch das, was Sache der Überredung und Überzeugung der ehemals Mitwirkenden war.

Und da leistete Sir Peter im Verbund mit Sir Horace ganze Arbeit. Die dadurch sehr erleichtert wurde, dass die alle Maße sprengenden in Aussicht gestellten Honorare und Gagen eine ganz eigene Überzeugungskraft entwickelten, die jedem rein sprachlichen Argument sofort schlagend überlegen war. „Ein Wahnsinn!", wie selbst in dieser Hinsicht ehmals ja einiges gewohnt gewesene Primadonnen wie die Faustina und Francesca fanden, auch wenn sie jetzt nur noch als Ex-Primadonnen durchgehen mochten. Ja, der geldgepolsterte Wahnsinn ging so weit, dass die zwei seit dem „Alcina"-Skandal auf den Tod verfeindeten und einander alle Pestilenzien an den jeweiligen Leib wünschenden Damen sich bereit fanden und dazu verführen ließen, miteinander wieder auf einer Bühne zu stehen. Und zwar ausgerechnet in der treulich rekonstruierten Wiedergeburt der Aufführung, die der Anlass für ihr tödliches Zerwürfnis gewesen war.

Zusätzlich zum mehr als fürstlichen Entgelt für ihr Engagement, das sie auf Jahre hinaus aller Geldsorgen ledig zu machen versprach, bildete es für beide „Grand old Schachteln", wie sie in Opernkreisen seit neuestem spöttisch titutliert wurden, doch einen allzu großen Reiz, sich und der Welt der Spötter zu beweisen, dass sie die Partien noch konnten, der sie als noch junge Frauen zu Glanz und Prunk verholfen hatten. Und denen sie jetzt, da beide auf die Sechzig zugingen, und das Alter ihnen demnächst die Stimmen wenn nicht ganz wegnehmen, so doch stark reduzieren würde, noch einmal mit Glanz und Gloria gewachsen sein wollten. Aber ein Wahnsinn war und blieb es doch.

Nachdem die gnadenlose Frauenstimme im Navigationsgerät die sowieso schon an allen Nervenenden überspannte Fahrerin seit kurzem immer wieder mit „Wenn möglich, bitte wenden!“ gequält, penetrant zu einer sinnlosen Umkehr animiert und somit ihre ärgerliche Unbrauchbarkeit in fremdem Land unter Beweis gestellt hatte, denn alle, wenn auch spärlich die Straße säumenden Wegweiser versprachen eindeutig, man nähere sich „Teplice“, schaltete Francesca das Ding fluchend aus. Als der kleine Ort erreicht war, fand sie, der Hauptstraße folgend, leicht die Stadtmitte und einen Platz, der von einer zierlichen Kirche, auf den er zulief, wie gekrönt schien und dessen von rekonstruiertem Barock und übriggebliebenem Klassizismus harmonisch umrandete Schönheit in der regenschauerdurchwehten Dunkelheit kaum zu ahnen war. Das Hotel „Prince de Ligne“, das vornehmste und wohl auch teuerste Haus der Stadt, was hier außer Betracht bleiben konnte, denn Sir Peter bezahlte ja alles „aus der ‚Alcina‘-Portokasse“, lag gleich linkerhand.

Das war ein bei Tageslicht durchaus behäbig imposanter, aber bei aller Wucht doch leicht und fast schwerelos wirkender Bau mit reich verzierter, der Strenge klassizistischer Baukunst schmuckreich und irgendwie frech Paroli bietender Fassade. Francesca hatte für all das keinen

Blick übrig, parkte ihren Wagen vor dem Haus, schleppte ihre Koffer mit hängenden Schultern, regendurchnässten Haaren, vom Chauffieren her immer noch zitternd verkrampften Armen, einem sehr unglücklichem Gesicht und von allen Anstrengungen der letzten Stunden leergeweinten Augen an die Rezeption. Sie ließ sich ihren Zimmerschlüssel aushändigen, bezog eine großzügige Suite im obersten Stockwerk, deren Komfort, einer Mischung aus nachgemachtem, goldstucküberladenem Rokoko bei Stühlen, Tischchen und Waschbecken und dem Schnickschnack moderner, mit allerlei Fernbedienungen und Dutzenden von Schaltern zu steuernden Technik sie in diesem Moment nicht im geringsten interessierte. Sie warf ihre Koffer in eine Ecke, zog sich schnell aus, war so müde, dass sie weder das Badezimmer aufsuchte noch die Jalousien vor den Fenstern herunterließ, kroch ins Bett und fiel sofort in einen tiefen Erschöpfungsschlaf, aus dem sie zwar hie da in einem Schreckenserinnerungswimmern und -stöhnen hochschreckte, aber bis zum Morgen nicht richtig erwachte.

Es hatte zu den absolut theater- und opernwidrigen Verrücktheiten, ja Hirnrissigkeiten der Wette der spleenigen, armagnacumnebelten Gentlemen im Garrick-Club gehört, dass Sir Peter Leviathan und Sir Horace Whale für ihr „Alcina"-Revival unter großem Hallo und Gelächter der Herren darauf verpflichtet wurden, Stein und Bein zu schwören, keinerlei Proben, nicht die geringste Vorbereitungsanstrengung zu unternehmen. Sie sollten das Ding „hic et nunc", wie der Club-Präsident zu meinen die lallend grinsende Gnade hatte, auf die Bühne stellen. Schließlich habe man, hahaha!, vor zwanzig Jahren ja schon genug geprobt. Das müsse vorhalten. Man wolle doch sehen, ob und wie das gehe. Und man sei gerne bereit, bei den Musikern und Sängern, den Transporteuren und Restaurateuren der Bühnenbilder, die noch in den Depots von Covent Garden langsam vor sich hinschimmelten, den Beleuchtern und Kostümschneidern und Maskenbildnern und Friseuren und Rüstmeistern (Pfeil und Bogen des Gottes Amor!) derart viel springen zu lassen, dass sich alle bedingungs- und bedenkenlos und das hieß ja auch vollkommen gewissen- und skrupellos auf dieses fragwürdige Altherren-Spiel einließen. Und es werde ja auch nur eine einzige Aufführung geben – einer englischen Oper in italienischer Sprache, aus der Feder eines anglisierten Sachsen, im böhmischen Teplitz, der heute tschechischen Stadt, in der „Molke durch deutsche Adern" fließt, wie Giacomo Casanova, selbsternannter Chevalier de Seingalt, sie einmal beschrieb. Man würde also einen ziemlich internationalen Wahnsinn veranstalten. Man würde die Mottenkiste der Opernpandora öffnen, aber eine, wie sie die Welt noch nie gesehen haben werde! „Und die sich gewaschen hat!"

Gründe genug also für die gerade aus zentnerschwerem, wirrschlechtem Schlaf erwachte Primadonna Francesca, in eine Panik zu verfallen, die ihren Blutdruck sofort steigen ließ und sie auf dem Weg ins Bad, den sie mit sowieso schon weichen Knien zurücklegte, in schwindeliges Taumeln brachte. Zugleich schien es ihr, als wäre sie in eine sie umnebelnde, unwirkliche, aus schlechtesten Träumen übrig gebliebene Scheinwelt geraten. Denn durch die nicht sehr dichten Wände des Hotels drangen von überhall seltsame Geräusche. Die sich zuerst wie ein irres, hohes, seltsam durcheinander wirbelndes Glucksen und Tröpfeln anhörten. Aber dann dem von der Schlaftrunkenheit sich langsam erholenden Ohr als naturgemäß etüdenhaft kieksende Einspielübungen eines Hornisten sich darboten. Dem sich ein Fagott, ein Oboe und – heiliger Bimbam! – ganz deutlich als penetrant schabende und scharrende Mittelstimmen- und Faulklangproduzentin par excellence heraushörbar: eine Bratsche zugesellsten. Celli und Geigen, eine grillenhaft trillerexerzierende Piccolo-Flöte, zwei durcheinander säuselnde Travers-Flöten und die für ein Barockorchester obligaten Blockflöten. Auch eine fürs Continuo vorgesehene Laute drängte sich blasenblubbernd in den allgemeinen Klangbrei. Nur das Cembalo fehlte. Das stand schon im Saal des Erzgebirgischen Theaters.

Und all dies drang aus den diversen, über die Stockwerke des Hotels verstreuten Zimmern durch Decken und Wände her zu Francesca. Und dazu trat gerade noch, sozusagen als Gratis-Schrecken in der Morgenstunde, mit „mimimimi“ und „jallajollojallajollo“, eine Francesca allzu bekannte und allzu verfluchte Mezzossopranstimme, die, so wie sie sich hier, wenigstens präludierend, darbot, offenbar auch schon mal bessere Tage erlebt hatte, was Francesca aus boshaftestem Herzen zwar schon genoss, wie die Sangestodfeindin sich reichlich mühsam in arpeggierenden Terzen in die üblichen Einsing-Skalen hinein und hoch schraubte, mit denen Sänger gewöhnlich ihre Gurgeln schmieren. Aber sie hielt sich doch in frischer, wunder, plötzlich sie wieder schrill überkommener Panik beide Ohren zu. Und während man deutlich hören konnte, dass die Ensemblemitglieder des ja wirklich buchstäblich ver-rückten, weil aus der normalen Welt hinaus gerückten „Alcina"-Revival-Haufens das Probenverbot der besoffenen Wett-Gentlemen des Garrick-Clubs zwar kollektiv akzeptierten, die Partitur als Ganzes vorab nicht zum Klingen gebracht wurde, es aber dadurch auch ein bisschen umgingen, dass jeder seinen Part für sich übte und der „Prince de Ligne" an diesem Morgen einem in allen Tönen klingenden und schwirrenden, gigantischen Bienenstock glich, verschloss sich Francesca all dem. Verließ ungeputzt und ungewaschen das Badezimmer. Und wühlte, noch bevor sie sich ihrer morgendlichen Toillette zu widmen im Stande war, in ihrer Handtasche.

Dort suchte und fand sie ihren „Liebeszettel". Ihre Lebens- und Kunsterhaltungsmedizin überhaupt. Ihre Herz- und Hirnstütze. Ihre Labsal. Er war in kleiner, runder, schwungvoller, aber gut lesbarer grüner Schrift verfasst. Mit einer Füllfeder geschrieben. Die türkise Tinte war schon etwas verblasst. Aber die Worte und Sätze schienen wie in Marmor gemeißelt. Es war ja auch mehr als ein Zettel. Es war ein ausgewachsener Brief. Den Francesca wie eine Reliquie hütete. Er stammte von ihrer längst verstorbenen Mutter, einer bedeutenden, leider im allgemeinen Vergessen untergegangenen Pianistin, die aber mit ihren Debussy- und Mozartplattenaufnahmen unter wahren Kennern und Liebhabern immer noch den Ruf einer Erlesenen genoss, die ehemals abseits der Moden und Wogen des Klassikbetriebs ihrer klaren und reinen Anschlagskunst mit luzider Inbrunst und intelligibler Delikatesse gedient hatte.

Dieser Mutterbrief war für Francesca der Inbegriff eines Briefes der Liebe überhaupt. Kein Mann, kein Kollege, kein Verehrer, die ihr im Verlauf ihrer Karriere Billette zukommen ließen, auf denen sie ihr beholfen liebevolle, raffiniert erotische oder gar plump sexuelle Avancen hinschmierten, konnten den Vergleich mit dem Mutterliebesbrief aushalten. Eine feste Bindung war Francesca nie eingegangen. Es gab einige mehr erregende oder auch aufregende Affären, daneben etliche mittelprächtige. Sie hatte ein Leben lang mit sich selbst am meisten zu schaffen. Wenn sie die Energie, die da für andere noch übrig blieb, recht einschätzte, und das tat sie immer, dann kamen für sie Männer allenfalls als Durchgangs-, nie als Endstationen in Frage – in dem Sinne, dass man es bei ihnen für immer aushielt. Sie war als Geliebte von sich aus von vorne herein immer eine Kurzzeitversessene. Was länger zu dauern drohte, machte sie nervös und langweilte sie.

Als einmal ein ganz sanfter, außerordentlich rücksichtsvoller Mann nach einer für beide Seiten recht zufriedenstellend durchliebten Nacht drauf und dran war, ihr einen Antrag zu machen und dabei seinen noch von keiner Zahncreme erfrischten modrigen Morgenatem in ihr zerknittertes Gesicht wehen ließ, das sie eben halb noch im Schlaf, halb schon im Aufwachdusel ins Kissen gedrückt hatte, sprang sie aus dem Bett, lief ins Bad, schloss sich dort ein und rief laut, er solle bitte so schnell wie möglich verschwinden, duschen könne er zuhause. Auf seine entsetzte Frage, die er durch die verschlossene Badezimmertür zu brüllen hatte, damit Francesca sie hören konnte, was das jetzt solle, sie hätten doch so guten Sex gehabt und es sei doch alles so prima, schrie sie zurück: „Aber es dauert schon viel zu lange. Bitte, geh' jetzt. Ich habe zu tun."

Als er sich konsterniert, beleidigt und vor Kopf und Gemüt gestoßen rasch angezogen und das Schlafzimmer entgegen seinem sanften Charakter türenschlagend verlassen hatte, huschte Francesca aus dem Badezimmer und hatte nun wirklich zu tun: Sie kramte damals wie heute nach dem Mutterliebesbrief, der alle Männerliebe himmelweit aus dem Feld schlug. Und der ihr ein treuerer, verlässlicherer und zuverlässigerer Begleiter auf all ihren Wegen war, als es ein Mann je hätte sein können.

Dabei ging es darin allein und ausschließlich um Kunst und um Musik.

„Mein geliebtes Kind", begann der Brief, und Francesca las jetzt in Teplitz im morgenverrückten Hotel „Prince de Ligne" auch diese Stelle wie immer unter einem Schleier von Tränen der Rührung. Dann kam die Mama ohne weitere Einleitungen und Hinführungen gleich zur Sache. Es war die Sache ihrer Tochter, wie die Mutter sie sich vorstellte und einforderte. Das geliebte Tochterkind solle sich immer und ewig bewusst sein, dass, wenn es singend und spielend auf einer Bühne stehe und „die unbegreiflich hohen Werke" der großen Meister zu Fleisch und Blut und Ton und Geste und Klang und Wunder mache, „ein Rest um Dich sein muss, ein Unergründbares. Lasse Dich nie ganz ausquetschen, und zu Quetschereien wird es, bei Gott!, kommen! Nie ganz auserklären!! Nie ganz ergründen!!!" Und die Mengensteigerung der Ausrufezeichen gab dem dreifachen Appell den Charakter geradezu beschleunigter Dringlichkeit. Und dann drang die Mutter tief ins Herz der Tochter: „Bedenke, liebste Francesca, dass für Dich als Frau, die eine Künstlerin ist, die Worte ‚schön' oder ‚hässlich' keinerlei Sinn haben. Dein Körper sei nichts weiter als die Projektion Deiner wechselnden Stimmungen. Über Deinen Leib, und das zeige ruhig Deinem Publikum, sollen die Regungen, die von der Kunst, der Musik, der Tollheit der Koloraturen, dem Schmelz der Melismen, der Innigkeit des Leisen und den Ekstasen des Lauten herrühren, hingehen und -wehen wie ein Sommerwind."

Es waren diese so pathetischen wie poetischen, ja sensationell trunkenen Formulierungen, die Francesca seit Jahren tief berührten – eben weil sie so etwas von ihrer im täglichen praktischen Leben eigentlich immer sehr nüchternen, allem Realen äußerst vernünftig zugewandten Mutter nie gehört und erlebt hatte. Geträumt und in andere Welten hineingewagt hatte die Mama sich immer nur am Klavier. Wiewohl sie, nachdem ihr Mann sie mit der kleinen Tochter hatte sitzen lassen (kurioser- und perverserweise wegen einer viel älteren Frau, in die er verschossen war), sich in eine heftige und hemmungslose und naturgemäß aussichtslose, schließlich nur unter Weinkrämpfen und Zusammenbrüchen beendete Affäre mit einem sehr viel jüngeren Studenten ihrer Meisterklasse stürzte. Der die hitzigen Empfindungen seiner Meisterin, die er entfacht hatte, karrieremäßig eiskalt ausnutzte und sich von ihr Empfehlungsschreiben für Wettbewerbsauftritte und Konzertagenturen ausstellen ließ, die andere, höher und genialer Begabte, nicht von ihr erhielten. Was am Konservatorium, an dem sie unterrichtete, zu einem handfesten Skandal und auch zu disziplinarischen Verfahren führte.

„Und denke auch immer daran", fuhr die Mama in ihrem Lebens- und Kunstmutmachbrief an die Tochter fort, „dass

Du, wenn Du da oben stehst, auch immer verzehrt und verbrannt werden wirst: in den Flammen der Kunst. Sie brennen ewig, Du aber wirst am Ende nur zeitliche Asche sein. Deshalb sei: selig zu Zeiten! Stelle Dir immer vor: Du agierst auf einer Insel der Seligen, zu der die Leute nun nicht mit Bus und Bahn und Auto, und weil sie ein Abonnement gebucht haben, aufgebrochen sind, sondern in traumleichten, die Wasser im Wiegen und Rauschen der Wellen der großen Träume federnd und funkelnd durchpflügenden Barken! Und auf Deiner Insel herrsche: nur Du! Und stelle Dir bitte weiter vor: Alle sind nur wegen Dir gekommen, auf ein Eiland nie gekannter Freuden und einer Liebe, die ganz aus Hingabe und Verehrung und Bewunderung und einer Sehnsucht verschmolzen ist, die keine Grenzen und Ufer kennt, eine Insel aber, die eigentlich nichts als eine Luftspiegelung, eine Illusion ist, eine ‚L'isle joyeuse', wie sie der unsterbliche Claude Debussy komponiert hat; Du erinnerst Dich sicher an dieses höllisch-himmlisch schwere Klavierstück mit seinen Seligkeitsteufelstrillern und Heroldstrompetenstößen und diesem Wahnsinnsgeschaukel auf allen Triolen. Ich habe sie oft gespielt, diese noch ganz altmodisch ohne Accent übertitelte ‚L'isle' (und noch öfter geübt, man übt sie aber nie genug), und meine Plattenaufnahme kann durchaus mit Richter und Gulda mithalten, ohne sie freilich zu überflügeln; aber das nur nebenbei. Habe aber, auch wenn Du die Tosca oder die Ariadne singst, immer die ‚L'isle joyeuse' in Kopf und Herzen. Dann wird es Dir gut gehen, oder wenn es Dir schlecht gehen sollte, sofort besser gehen." Der Brief schloss mit Küssen und Umarmungen.

Und also machte sich Francesca auf. Noch nicht zur Insel der Seligen, sondern wieder zurück ins Bad. Gestärkt nun und festen Tritts. Und das Gezirpe und Gesumme und Gesinge und Geblase überhörte sie einfach. Dann kleidete sie sich an, räumte ihren Koffer auf, ließ sich ein kräftiges Frühstück auf ihre Suite bringen, um nicht dem Rest des „Alcina"-Revival-Haufens drunten im Hotelrestaurant über den Weg laufen zu müssen, und wartete mit dem Klavierauszug und ihrer mit rotem Stift markierten Partie auf den Knien, ohne ihr Zimmer und das Haus zu verlassen, auf den Abend. Wozu sie den weichgepolsterten Fauteuil nahe ans große Fenster zog, durch das sie hie und da einen fernverlorenen Blick hinweg über die Silhouette der Dächer der Stadt warf. Der Himmel, der in schöner Bläue prangte, schien vom gestrigen Regen wie blank gewaschen, kaum eine Wolke zeigte sich, nur zarte, unbewegte Schleier hingen in der stillen warmen Luft.

Der Abend, dem Francesca entgegenwartete, war, ganz dem Geschmack und den Wett-Launen der besoffenen Club-Gentlemen entsprechend, als Geisterstunde konzipiert. Kein Plakat in der schönen Stadt Teplitz wies auf die einmalige, sensationelle „Alcina"-Aufführungsausgrabung hin, kein Konzert- und Theaterveranstalter der ja auch international bekannten und gerühmten Kur- und Bäderstadt hatte einen Hinweis bekommen. Allein die exklusive Miete des Erzgebirgischen Theaters für diesen einen Abend war im voraus diskret entrichtet worden mit der Maßgabe, dass man für alles, was an Technik und Ausstattung im Hause notwendig sei, selbst Sorge tragen werde. Ein Publikum, das diesen Namen verdiente, war nicht zugelassen.

Allein die „vierzehn Nothelfer" des Garrick-Clubs, als

die sich die Vertreter der Club-Spitze in einem blasphemischen Anfall von Heiligkeitswahn unter wieherndem Gelächter getauft hatten, würden nicht mal eine halbe Reihe 6, Parkett, Mitte, des Erzgebirgischen Theaters belegen. Wobei der auf den Rollstuhl angewiese Club-Präsident einsam im Seitengang thronen sollte. Was bedeutete, dass das Richteramt darüber, ob die Aufführung nun überhaupt den Erwartungen eines vollkommenen Abklatsches ihrer berühmten Vorgängerin entsprach, allein bei den Club-Senioren lag. Deren voll-, halb- bis viertelssenilen Hirnen und Herzen man auch sonst nicht allzu viel zutrauen durfte.

Kein professioneller Kritiker und musikalisch ausgewiesener Kunstrichter war zugelassen. Abgesehen davon, dass es nicht leicht gewesen wäre, welche zu finden, die damals, vor zwanzig Jahren schon dabei waren und es vermocht hätten, die alten Eindrücke getreu zu konserviern und also die Aufführungen zu vergleichen – was kein Musikkritiker der Welt gekonnt hätte. So blieb es bei der Aussicht auf eine reine, willkürliche Gespensterei. Ein verschwenderischer Wahnsinn. Eine wahnsinnige Verschwendung.

Als Francesca bei Alcinas Arie im ersten Akt kurz innehielt, in der die Zauberin, schwankend zwischen heller, reiner Liebe zu Ruggiero und dunkler, besitzergreifender und lustlöschender Triebnatur, anklagend und wütend ihr „Sì, son quella! Non più bella!“ ausstößt, während sie zuvor noch verführerisch mit Zärtlichkeit und Schmeicheln, Gefälligkeit und Schmusen den Geliebten im „Di, cor mio, quanto t'amai“ umgarnt hatte, hob die den Part leise mitsummende Versunkene den Blick. Und schaute aus dem

Fenster. Als fände sie über der Teplitzer Skyline die Lösung des Rätsels von Alcinas faszinierend widerlich widersprüchlichem Charakter. Wie es aber oft vorkommt, wenn die zuvor in etwas hochkonzentriert und angestrengt vertieften Augen plötzlich erschreckt zu erstarren scheinen, wenn sie sich augenblicklich in die Ferne und die Weite richten, so konnte auch Francesca für Momente den Blick gar nicht mehr vom Fenster lösen. Er blieb gebannt. Und kam vor allem von einem kleinen bunten Fleck nicht los, der nahe des rechten oberen Fensterrahmens auftauchte – und über den Dächern von Teplitz, deren Silhouette den Fensterrahmen nicht einmal zur Hälfte füllte, zu schweben schien. Nein, nicht schien, sondern tatsächlich schwebte. Der Fleck wurde größer und voller und hatte die Form eines großen Tropfens, der nun nicht vom Himmel herunter, vielmehr in ihn hinauf fiel.

Inzwischen erfasste der aus seiner kurzen Erstarrung wieder erlöste Blick Francescas den groß und förmig gewordenen Tropfen genauer, der sich in der stillen, himmelblauen Luft über den Dächern der Stadt in langsamer Fahrt bewegte. Und nun bei schärferem Hinsehen die Form eines blau und golden bemalten, großen Ostereis angenommen hatte. Kostbarst verzierte, mit roten Fransen geschmückte Bordüren umliefen das blauhäutige Ei. Zwischen ihnen prangten herrliche Maskenbilder, um die herum Sonnenstrahlen gemalt waren. So dass es ausschaute, als führte das luftschiffende Ei etliche der durch die umstrahlten Gesichtern repräsentierten Sonnengötter oder auch Sonnenkönige mit sich. Unter dem nun allmählich der Betrachterin wahrhaft riesig erscheinenden Ei hing ein gleichfalls mit Fransen und Bordüren und goldenen Schnüren verzierter, großer Korb.

So wurde das Ei im Auge Francescas zu dem, was es wohl in traumhafter Wirklichkeit war: ein Heißluftballon. Allerdings war es nicht einer jener glattseidenen, mit allen möglichen Firmenlogos bedruckten Leichtigkeitsungetüme, die sich an windstillen beziehungsweise windrichtigen Sommer- und Herbsttagen über europäischen Mittelgebirgen dahintreiben lassen und die bekanntlich im Fachjargon der Ballonlenker auf keinen Fall fliegen, sondern fahren. Man hatte es hier nicht mit einer gegenwärtigen, man hatte es mit einer offenbar längst vergangenen Erscheinung zu tun, aus uralten Zeiten herfahrend. Hätte es sich schneller bewegt, wäre Francesca das luftschiffende Ding wohl als Geisterblitz erschienen. Nun aber als gespenstisch zeitlupenhaft schwebendes Phänomen. Das für wenige Augenblicke auch wie ein frei im Raum wanderndes Auge Gottes über der nahen Kirchturm zu schweben schien wie ein luftiger Wächter.

Denn was im Auge Francescas durch den Himmel über Teplitz fuhr, war eine Montgolfière, jene Art Ur-Heißluftballon, wie ihn die Brüder Joseph Michel und Jacques Etienne Montgolfière im Juni 1783 in die Luft ihrer Heimatstadt Annonay steigen ließen: einen Leinensack von zwölf Metern Durchmesser, innen überzogen mit einer Papierschicht, außen umspannt von einem aus Schnüren gefertigten Netz. Den Auftrieb besorgten Strohballen und Wolle, die verbrannt wurden und den Ballonsack mit heißem Rauch füllten. Es schienen der Sängerin, die sich soeben noch in eine über zweieinhalb Jahrhunderte alte Opernpartitur vergraben hatte, diese Jahrhunderte in diesem

Moment, als die seltsame Montgolfière ihr in den Blick geriet, wie ein Tag. Sie fühlte sich wie von einem rückwärts gerichteten Zeitpfeil durchbohrt.

Eine Unwirklichkeitserfahrung hatte sie erfasst und überwältigt wie ein plötzlich ausbrechendes Fieber. Und sie war von der Vorstellung überwältigt, dass dieses uralte Wunderding von der Insel der Seligen aufgestiegen, will sagen: aufgefahren sei, die ihr allein zugehörte, deren Göttin sie war, die Frau, vor der die Bewunderer und Anbeter auf dem Bauch lagen. Die mit einem einzigen Ton die ganze Welt hin- und einreißen und umwälzen konnte. Die kein Alter, kein Vergehen und Verwehen, nur eine seligmachende Unsterblichkeit kannte. Und es strömte ein großes, prickelndes Glücksempfinden durch Francescas Seele, Herz und Kreislauf. Es war ihr, als hätte die Mama, deren Mut- und Muntermacherbrief Francesca sie ja noch erst vor kurzem wieder einmal förmlich verschlungen hatte, der Tochter aus jenem Elysium heraus, das wohl Klavierprofessorinnen vorbehalten war, diesen Seligkeitsballon vor Augen, Sinne und Gesicht geschickt. Als ein Zeichen.

Langsam wandelte sich der böhmische Himmel, aus dem immer stärker dunkelnden Blau wurde Gelb und Rot, die untergehende Sonne spielte mit den Abendfarben. Francesca warf sich einen leichten Staubmantel über, schlang sich einen luftigen Schal um den Hals, klemmte den „Alcina"-Klavierauszug unter den rechten Arm, verließ ihre Suite, fuhr mit dem Aufzug nach unten und schlüpfte so unauffällig wie möglich aus dem Hotel.

Stunden später, nachdem Francesca den „Prince de Ligne" verlassen und sich auf den Weg zum Erzgebirgischen Theater gemacht hatte, stieg Rauch in den Nachthimmel über Schloss Dux, das die böhmischen Tschechen Duchcov nennen und das keine zehn Kilometer westlich von Teplitz liegt. Im Schlosshof, den das Hauptgebäude und die beiden es flankierenden großen Gebäudeflügel umrahmen wie ein großes U, das tagsüber in hellem, warmem Rosa strahlt, nachts aber daliegt wie ein sich zum Schlafen seitwärts zusammengerollter Riese, dümpelte an Seilen, die an Pfosten gebunden waren, die man in den Kiesboden des Hofes getrieben hatte, eine wunderschöne Montgolfière. Die warme Luft, die sie füllte und im Nachtwind leicht in den Seilen beben ließ, kam von einer Art offenem Ofen, angebracht in Mannshöhe über dem Korb unterm Ballon. Auf ihm wurden Unmengen von Briefen verbrannt. Ein ebenso großer wie ungemein dürrer, bis aufs Skelett abgemagerter, sehr gespenstisch wirkender Herr warf die Episteln, die er mit grimmiger Miene kurz überflog, hinauf ins Feuer, nachdem sie ihm sein Gehilfe, den er mit einem „Mach Er voran, Fallot!“ zur Eile trieb, in die grausigen knochenmageren Hände gedrückt hatte. Dabei murmelte der gespenstische Alte Merkwürdiges in einer Sprache, die nicht von dieser Welt war: „Ein Krüppel bin ich und ein Kauz. Doch dem Gesinde nicht zum Spott!“

Offenbar war der Alte, seines Zeichens Bibliothekar des Grafen Waldstein auf Schloss Dux, von dessen Bedientesten schwer gehänselt worden. „Dass jemand das mit dreister Hand hohnlachend in den Müll wirft? Nein. Im Riesenherd geboren, kehrt ihr zurück: ins Feuer, wo ihr herkamt! Als wär es in der Frauen Herzen entbrannt, um mir die Knochen heut zu wärmen beim letzten Flug des alten

Raubvogels, seiner Himmelfahrt!“ So sang das Gerippe den Nachthimmel an.

Hie und da huschte ein böses, manchmal auch ein wehmütiges, in Trauer über Unwiederbringlichkeiten schier zerbrechendes Lächeln über sein von scharfen Falten durchzogenes und einer mächtigen, aber schlanken Nase gekröntes Gesicht. Wenn er kurz aufgelesene Briefbrocken im Schein einer Windlaterne laut vor sich hin sprach, hatte er einen Bitterton aus Wut, Sarkasmus und unstillbarer Sehnsucht in der Stimme: „Ich weine Tag und Nacht, Verräter! Manon.“ oder „Das Söhnchen, Giacomo mit Namen, ist schön, dass es in die Augen sticht!“ oder aber auch „Mit dir buhlt auch im Himmel man!“ (was ihn fast stolz machte) oder „Verschmähst du mich im Bett, komm ich als Krankenschwester“ (da lachte er kurz auf, wenn er an die Krankenschwester dachte, die ihn noch kränker machte, als er damals sowieso schon war, denn die Liebe war ihm immer eine Kunst, die man sich zuzog wie eine Infektion und gegen die nur half, sich ihr ganz und gar auszuliefern, aber dem Liebesakt, damit das Fieber kräftig steige bis hin zur völligen Überwältigung, einen kompliziert spielerischen Sprechakt vorauszuschicken, ein emphatisches Kosen und Verführen mit Worten); und dann: „Hab Dank für jede Stunde und für jeden Blick, ich schreib im Fieber, am Rand des Todes …“. Worauf er: „Ich auch“ seufzte.

Und nachdem er eine besonders alberne, weil beleidigend eifersuchtszerfressene Stelle höhnisch rezitiert hatte, „Mein Freund, warum seid Ihr nicht über sechzig, dass keine mehr … und warum seid Ihr nicht sechs, dass keine noch …“, wollte er eben einen großen Packen seiner Briefe ungelesen und unrezitiert ins Feuer schicken, die ihm alle die Hunderte von Frauen geschickt und ihm sozusagen ans treulose Herz gedrückt hatten, die längst vergangen, aber nicht vergessen waren, und die er mit ihren Briefen gleichsam einem Vergessensfeuer übergeben wollte, das ihm zu einer Himmelfahrt verhelfen sollte. Da stürzte durchs schmiedeeiserne Gitter, das den Schlosshof zur Stadtseite hin abschloss, eine leibhaftige Frau auf ihn zu.

Ihre Perücke war zerrissen, ihr weiter Reifrock hatte wohl länger überm Straßenkot hingewischt. Ihr Dekolleté wurde von einem schwer in Mitleidenschaft gezogenen brokatumsäumten Mieder kaum mehr recht bedeckt und wies hektische rote Flecken auf. Ihr Gesicht zeigte alle Zeichen puren Entsetzens und unausstehbaren Schreckens. Mit einem gurgelnden Freudenschrei, der sich anhörte wie „Meine L'isle joyeuse!“, stürmte sie auf die Montgolfière zu, die sie jetzt in der Nacht als die erkannte, die ihr am schönen hellen Mittag am Himmel über Teplitz ins Auge gefallen war. Im Sturm riss sie das briefvernichtende alte Gerippe mit sich, das es sich nicht hätte träumen lassen, noch einmal eine Frau, wenn auch eine schon ältere und ziemlich derangierte, im Arm zu halten.

Die Mitreißende beförderte das federleichte Magergespenst mit einem schwungvollen Schubs in den Ballonkorb, dann schrie sie dem Gehilfen noch: „Leinen los!“ zu, was dieser, Befehlen zu gehorchen gehörte schließlich zu den unabdingbaren Voraussetzungen seines Berufs, verblüfft, aber prompt erledigte. Die Montgolfière erhob sich langsam unter sanftem knatterndem Rauschen der Ballonwand in die Luft. Hatte den Dachrand des Schlosses gleich erreicht. War im Lichtschein, der aus einer Dachkammer drang, noch einmal kurz zu sehen gewesen.

Nahm dann aber wohl Fahrt auf und war über Dux hinweg von der Nacht verschluckt worden.

„Verdammtes, verrücktes Weiberpack!" – ungefähr über diesen wutentbrannten, aber eben auch lüsternen Generalbass wurden im Londoner Garrick-Club in den kommenden Wochen die Empörungs- und Aufgeilungsgespräche unter der alten, wettverrückten, alkoholumnebelten Gentlemen-Gesellschaft improvisiert. Es blieb ein Thema, auf das man nicht nur zu später Stunde in wohligem, weil selbstgerecht tatterigem Frisson zu sprechen kam. Ein unerschöpflicher Plauderstoff zu allen Tageszeiten. Man erzählte sich allzu gerne zum hundertsten Mal, wie im Erzgebirgischen Theater im schönen böhmischen Teplitz das Orchester vor der Bühne Platz genommen hatte, Sir Horace Whale den Taktstock hob im offenbar bestens konservierten Hochgefühl, ein ganzes Meer an Empfindungen über seine Musiker immer noch perfekt ausschütten zu können, und die älter gewordenen Instrumentalisten sich brillant abmühten, den Händel so frisch und aggressiv und wuchtig erklingen zu lassen wie vor zwanzig Jahren in London. Was ihnen ganz gut gelungen sei, denn erstens wären sie fürstlich bezahlt worden und zweitens: „Attacke verlernt man nicht!", wie der halblahme Club-Präsident aus seinem Rollstuhl heraus greisenklug lallte und über diese Pointe, die er meckernd lachend garnierte, schier schein wackeliges Gebiss verlor, das sich sowieso schon in seinem Greisenmund auf eine knirschend klappernde, haltlose Wanderschaft gemacht hatte.

Und wie dann der Vorhang aufgegangen sei, und Sir Peter Leviathan und seine technische und Regie- und Bühnenbild-Truppe ganze Arbeit geleistet hätten, und jede Grotte, jedes Wölkchen, jedes Tempelchen der „Alcina" von einst wieder auferstanden sei, „Gott verdammich, ein Wunder, ein wahres Wunder!". Und wie sich in der Reihe 6, Parkett, Mitte, das nur aus dem Clubpräsidium bestehende Publikum absolut wohlzufühlen begann in der kaum noch trügerischen Gewissheit, dass man das verschwundene Tolle und Schöne und Überwältigende durchaus jederzeit wiederherstellen könne, wenn man nur wolle (und es bezahlen könne!), und dass man drauf und dran war, zu glauben, dass dies hier und heute glanzvoll zu beweisen wäre. Und der Club-Alte, der in seinem Rollstuhl im Seitengang geparkt worden war, wollte sich vor Vergnügen und diebischer Freude schon profitlich die Hände reiben über seine „Mottenkiste voll von Gold!"

Aber dann seien die beiden „verdammten Weiber" in ihren sündhaft teuren Kostümen aufgetreten und hätten sich zuerst ja förmlich an Innigkeit und liebeszaubertoller und dann liebeszauberverräterischer Seligkeit zu übertrumpfen gesucht: Zwei alt gewordene Figuren, die den Glanz verrückter, zwischen Hingabe und Flucht, Täuschung und Verführung taumelnder Jugend, den die „Alcina" ihnen abverlangt, ja noch ganz gut hingekriegt hätten. Zwei Konservierungsvirtuosinnen. Aber gerade, als Ruggiero im zweiten Akt seine „verdammte Liebe" zur Zauberin besungen habe, „ich habe mal nachgeschaut, es heißt da ‚Col celarvi a chi v'ama un momento', gottverdammtes Italienisch, können die nicht englisch singen?", sei plötzlich der älter gewordene, aber immer noch bubihaft dünne „gottverdammte Skandalbratschenfiedler von damals" am ersten Pult aufgestanden und habe doch, „dieser Kretin!“, in Richtung Bühne „Ich liebe dich – nicht!“ gebrüllt.

Und da hätten von einem Moment auf den anderen die beiden Alt-Primadonnen einen tobsüchtigen Plötzlichkeitscharme entwickelt, welcher der Ausstrahlung „von zwei in Essigsäure eingelegten Kreuzspinnen“ entsprochen habe (so immer weiter der halblahme, lallende Präsident, nachdem er mit einem kräftigen Schluck Armagnac seinem Witz wie seinem Gebiss auf die Sprachsprünge geholfen hatte). Was die ganze „verdammte Aufführung“ sofort geschmissen habe. Und wie danach die Francesca und die Faustina urplötzlich wie zwei fauchende Wildkatzen, „verdammtes Weiberpack!“, übereinander hergefallen seien und sich übelst zugerichtet hätten. Und wie die Francesca von der Bühne gesprungen und durchs Orchester und den ganzen Saal gejagt sei, die Türe zum Foyer aufgerissen und sie mit einem infernalischen Knall hinter sich zugeschmissen habe. Und von da an wie vom Erdboden verschluckt nie mehr gesehen worden sei.

Nirgends auffindbar. Verschwunden. Endlich als vermisst gemeldet. Aber es habe ja die „verdammte tschechische Polizei“ die Suche nach ihr längst eingestellt. In ihrer Hotelsuite habe man außer Kleidungsstücken und einem Koffer nur einen mit grüner Tinte geschriebenen Brief gefunden. Den kein Mensch entziffern konnte. „Deshalb, Gentlemen: Nie wieder Oper!“

Intermezzo I: Prosperos Wirtshaus

Herr Prospero war pleite. Bestellungen für den Sonntagsbrunch und die großen Feiertagsbuffets konnten von ihm nicht mehr angenommen werden. Seine auf edlen Holzregalen stolz präsentierte ansehnliche Batterie von erlesenen Single-Malt-Whisky-Flaschen wurde fortan nicht mehr in Stellung gebracht. Sie war leider konfisziert worden. Es war die furchtbarste unerhörte Begebenheit seines Lebens. Auch alle anderen hochprozentigen Träume musste Herr Prospero klaftertief in einem Meer von Enttäuschung versenken. Herr Prospero war bis vor kurzem Pächter eines Landgasthofes, dessen barocke Fassade, in sanftem Rot getüncht, aus dem kleinbürgerlich kargen Häusergewoge ringsum hervorsticht wie eine seltsame Insel.

Derartige Inseln waren früher einmal, viel früher, voller Töne und anmutiger Melodien, die belustigten und keinen Schaden anrichteten. Und manch wilder Geselle und tierisch trunkener Unhold wurde ob dieser Musik wieder zahm wie ein Lämmchen. Denn manchmal erklangen auf solcher Insel Stimmen resoluter weiblicher Natur, die, wenn man auch aus langem Schlaf aufgeschreckt wäre, einen gleich wieder unter Zuhilfenahme eines nassen Putzlappens oder ähnlicher Textilien auf den richtigen Weg gebracht hätten. Und die Wolken über den Stimmen taten sich alleweil auf und zeigten den trunkenen Träumern Wortschätze aus purem Goldklang, die herunterregneten und aus den Zuhörern bessere Menschen machten – wenn man die süß klappernde Musik, die Messer und Gabeln machten, noch hinzu rechnete. Das war zu der Zeit, als Herr Prospero zusammen mit seinem Freund William noch der Herrscher im „Sturm“-Bistro war, das jedes Wirtshaus übertraf und überdies fast ganz aus Musik, Theater und Zauber bestand. Denn die Kellnerinnen waren dort die allerbesten Geister.

Dann aber wurde Herr Prospero, dem ein unerhört böser Zauber die Sinne verwirrt haben musste, wie gesagt, ein „angesagter Wirt“. Was nichts anderes hieß, als dass er und seine Geister nichts mehr zu sagen hatten und der Ansage anderer Mächte folgen mussten. Also beschallten und begrölten die „schärfsten Hits“ eines regionalen privaten Dudelterror-Senders – unterbrochen nur von Verkehrsmeldungen und penetrantem Gutelaunemoderatorengejuchze – unaufhörlich die arglosen Leute, die gerade über einem Glas Rotwein in sich gehen wollten oder dabei waren, ihre Messer in zarte Hirschlendchen und glasierte Rübchen zu senken, und der mitspeisenden Gefährtin mindestens ebenso Zartes konversationsweise zuraunen wollten. Die süßen Lieder und Töne waren verschwunden. Dafür legte sich ein harter Klangbrei über Lendchen und Rübchen und Liebchen. Und auch jedes Soufflé au Grand Marnier sackte unter der gnadenlosen Staumeldung von der A 5 sofort resigniert in sich zusammen. Darauf angesprochen, antwortete Herr Prospero, er habe als „angesagter Wirt“ die Beschallung doch nie abstellen können und auch dürfen. Sie habe, hätte man ihm bedeutet, dem Schutz der Esser gedient. Unbeschallt und sozusagen stillgestellt, hätten diese sich unbehaglich fühlen müssen: Sie wären dann ganz allein mit sich selbst gewesen – und das könnten ja bekanntlich nicht einmal die besten Menschen aushalten. Nun aber war Herr Prospero pleite. Er hatte sich ganz einfach ganz unerhört in den besten Menschen getäuscht.

Hexen

Es waren ihrer drei. Egon, Emil und Edwin. Gleichviel, ob im Blitz und Donner oder Sturmregenwehn, in Hitze, Eis und Schnee, in linder wie in scharfer Luft, zu jeder Jahreszeit – sie sahen sich immer wieder. Tag für Tag. Morgens, wenn die Tankstelle, weit draußen am Rand der Stadt gelegen, ganz früh schon öffnete, kamen sie, abends, wenn sie sehr spät schloss, gingen sie. Die Station warb auf großem Plakat, dass sie, an einer Ausfallstraße gelegen, die letzte vor der nahen Autobahn sei, man spekulierte und hoffte auf schnell entschlossene nachfüllbereite Autofahrer, die kein Risiko eingehen wollten, wenn sie sich auf die große Fernstraße begaben. Man hatte denn auch, da die Wohnreviere der Stadt ein gutes Stück entfernt lagen, kaum Stamm-, fast ausschließlich Lauf- beziehungsweise Vorbeifahrkundschaft, die unter einer unaufhörlich brausenden und rauschenden Lärmwolke, die von der Autobahn her drang, an den drei auf Betonsockeln ruhenden Zapfsäulen sich selbst bedienend hantierte. Und diesem eiligen, sozusagen im letzten Moment entschlossenen Publikum musste der Pächter denn auch wenig mehr offerieren als die üblichen Sprit- und Ölsorten. Der verglaste Kiosk, in dem die Kasse stand, bot deshalb auch wenig Raum.

Er war versehen mit ein paar Regalen, auf denen Öldosen und Flaschen mit Scheibenreinigerflüssigkeit standen, einem kleinen Tisch und einer kleinen Ablage unterhalb der Kasse, gefüllt mit einem kargen Angebot von Schokoladen, Kaugummi und Hustenbonbons. Keine Zeitungen, keine Zeitschriften, keine Pornohefte, keine Bücherständer, keine Backwaren, keine Dutzende Brötchensorten, keine Kaffeeautomaten, keine Milchbar-Anmutungen mit Kakao-und-Croissant-Orgien-Versprechungen, keine Zigaretten, keine Billigzigarren, keine Glückslos-Rubbelei, kein Wein- und Sekt- und Schnapslager, keine Annahmestelle für private Post- und Paketdienste, kurz: Es fehlte völlig an jenen Schnickschnacks, die allmählich aus Tankstationen Supermärkte, Show Rooms oder Event-Bistros gemacht haben. Und auf der Toilette, zu der man gelangte, wenn man den Kiosk umrundete und in der daran anschließenden, mit allerlei Gerümpel vollgestellten Garage eine verrostete Tür aufdrückte, fand sich auch keiner der Automaten, die, wie in den moderneren Stationen längst üblich, für die durchreisenden Unterleibsbedürftigen Kondome, Penisringe, Kleinvibratoren, „Travel Pussys" und dergleichen „Gefühlsechtes" bereithielten. Ein schon ziemlich altes Waschbecken, ein kleiner Spiegel, ein Stück Seife auf der Ablage, aber ein immer frisches Handtuch genügten den hygienischen Bedürfnissen.

Gleich rechts hinter der Kasse an der Kioskwand brummte ein kleiner Kühlschrank vor sich hin, der ungefähr die Anzahl der Bierflaschen enthielt, die Egon, Emil und Edwin den Tag über austrinken würden. Er wurde jeden Morgen vor Öffnung des Hauses vom Pächter Ewald aufgefüllt. Damit die drei zu ihrem Frühstücksbier kommen konnten. Ihre Zigaretten, die ihnen neben dem Bier als Zeitvertreiber die allerwichtigsten waren, brachten sie selbst mit. Vor dem Kühlschrank ruhte auf einem breiten, verschlissenen und vielfach zerrissenen Kissen als Zerberus und Aufpasser Esau, der triefäugige Kampfhund, den Ewald als Herr der Station zu seinem und seiner Kasse Schutz angeschafft hatte. Um Esaus Hals und Nacken war ein Lederband gewunden, das mit spitzen silbernen Dornen bestückt war und martialisch genug daran mitwirkte, die Kundschaft zum einen in respektvoller Distanz zu halten, zum anderen ihr die Lust an einem längeren Verweilen im Kiosk sofort zu nehmen: Tanken, zahlen, gehen – das war die Devise Ewalds. Und Esau half allein durch sein Hiersein, sie zügig durchzusetzen.

Egon, Emil und Edwin waren keine Brüder, aber seit Kindheits- und Schultagen ein Dreibund. Wozu auch ein gemeinsam erlittenes Unglück entschieden beigetragen hatte, das sie sozusagen im Schmerz zusammenzwang. Beim katholischen Schulgottesdienst in der barocken St. Franziskus-Kirche, gleich hinterm Marktplatz der Stadt gelegen, hatte sich – ausgerechnet am Hochfest der Apostel St. Peter und Paul, also an einem 29. Juni – die Statue des Heiligen Paulus von der Wand gelöst. Ein regionaler süddeutscher Holzschnitzer hatte sie im frühen achtzehnten Jahrhundert angefertigt. Paulus, den die Angehörigen der St. Franziskus-Gemeinde nur kumpelhaft „Paule" nannten, thronte zwischen zwei großen hellen Fenstern nicht sehr hoch über dem Gestühl. Ihm genau gegenüber an der jenseitigen Kirchenwand war als Pendant der Heilige Petrus angebracht, der einen großen Schlüssel in Händen hielt und auf einem angedeuteten Felsen postiert war, denn auf diesem Felsen, der Petrus war, wollte bekanntlich der Herr und Heiland Jesus Christus seine Kirche gebaut wissen. Sowohl Paulus als auch Petrus waren, entgegen allem historischem Anschein, der sie wohl als eher derbe Typen präsentiert haben würde (was eine Heiligkeit ja nicht ausschloss), sehr idealisiert, ätherisch „herrgottsmäßig“ dargestellt, wie das selbst die gläubigsten Leute etwas spöttisch nannten.

Der Heilige Paulus aus hell bemaltem Holz, ganz in Weiß und Gold, in der linken Hand das Schwert, mit dem er in Rom enthauptet und zum Märtyrer promoviert worden war, in der Rechten das Buch mit den Briefen, mit deren Hilfe er dem jungen Christentum und seinen Gemeinden rings um das Mittelmeer und in Kleinasien Mores lehrte, sank sehr langsam und fast geräuschlos aus seiner Halterung, mit der ihn nur noch ein langer, den Fall zwar verlangsamender, aber nicht verhindernder dicker Draht verband. Der überlange, vom Bildhauer betont schmal geformte rechte Zeigefinger, den der Apostel wie in einer Alle-mal-herlesen!-Haltung über den Buchrand gestreckt hielt, kam sozusagen im gleitenden Zeitlupensinkflug dem Gestühl immer näher, in dem nichts ahnend die drei Knaben saßen. „Paules“ Finger bohrte sich in den Kopf von Edwin, der von den Dreien in der Kirchenbank am weitesten innen saß. Egon bekam den Schwertknauf, Emil den großen nackten Zeh des Heiligen ab, der aus einer Sandale unter dem faltenverzierten Gewand des Apostels hervorragte.

Der wochenlange Aufenthalt in der neurochirurgischen Abteilung einer fern gelegenen Universitätsklinik hatte für Egon, Emil und Edwin zur Folge, dass sie, was ihre nicht unbeträchtlichen Kopf-Verletzungen anging, zwar leidlich wiederhergestellt und repariert schienen. So hatten die Neurochirurgen Edwins Schädel, dort, wo der Finger des Heiligen eingedrungen war, eine kleine Metallplatte als Knochenersatz eingefügt. Und Egon trug eine dicke Brille, da der Sehnerv seines rechten Auges den Kampf mit dem Schwertknauf des Heiligen zu Dreivierteln verloren hatte, wohingegen der nackte große Zeh der Figur Emil eine sogenannte weiche Birne, das will sagen eine Stelle am Schädel bescherte, die mehr von Haut und Haar als von Knochen bedeckt war. Aber die drei waren nach all dem natürlich nicht mehr dieselben wie vorher. Abgesehen davon, dass auch ihre Wirbelsäulen beim Fall des Heiligen Paulus in Mitleidenschaft gezogen wurden, was zu einem etwas schleppend hinkenden Gang der Buben führte, kam auch in Folge des fatalen Schulgottesdienstes ihre weitere höhere schulische Ausbildung sehr ins Hinken.

Der Rektor der Sonderschule der Stadt, einer Einrichtung, die damals noch „Hilfsschule“ hieß, wobei man sie besser „Hilfeschule“ hätte nennen sollen, denn zur allernötigsten pädagogischen Hilfe der Allerbedürftigsten im Geiste war sie ja da, ein Mann mit Witz und Intelligenz und also auch Zynismus, der sich selbstironisch als „Professor der Deppologie“ zu titulieren pflegte, bezeichnete die drei, die man vom Heiligensturz an seinem Institut hatte überstellen müssen, als: „meine drei Propheten, Gott steh ihnen bei“. Denn Egon, Emil und Edwin hatten seit ihrer Rückkehr aus der Klinik: Gesichte. Sie sahen, was andere nicht zu sehen vermochten. Und vor allem sahen sie voraus. Sie prophezeiten. Wofür sie außer Glauben nichts verlangten. So dass sie für ihre Weissagungen auch nicht haftbar gemacht werden konnten.

Es fing auf dem Schulhof an. Während der großen Pause, wenn alle selbstverloren an ihren Broten kauten, an den Kakaofläschchen nuckelten, die eine mitleidige örtliche Molkerei „den armen Kindern" als Dauerspende gewährte, oder sich zu zweit oder gleich im Pulk prügelten, konnte es passieren, dass die drei wie kleine Heilige – als habe der stürzende Apostel sie mit einer besonderen Gnadengabe unglücklich-glücklich infiziert – ehrfurchtgebietend auf den Plan traten. Und sich zum Beispiel einen besonders dicken und hässlichen und unbeweglichen Buben heraussuchten. Und ihn im Chor mit „Heil dir!" ansprachen beziehungsweise anlallten. „Heil dir, Matze! Heil dir, dem Torwart des FC Normannia!"

Matze, der eigentlich Mathias hieß, fühlte sich im ersten Moment arg auf den Arm genommen, ja wüst veräppelt und wollte instinktiv den drei Propheten mit ein paar Fausthieben und etlichen wild gebrüllten „Ihr Arschlöcher!" antworten. Was er aber nicht nur deswegen unterließ, weil die Versehrungen an den Köpfen der drei ihm wieder einfielen, von denen alle wussten und als Brutalitätsverhinderungsgrund respektierten. Ihn hielt auch von Schlägen und Wutgebrüll ab, dass die drei so erhaben, so gotteserns, so weihevoll waren. Und in den Himmel über Matzes Kopf starrten, als sei dort jetzt schon über die Mannschaftsaufstellung des FC Normannia in zehn Jahren entschieden worden.

Und als „Matze die Katze", als den ihn die Fans bewunderten und liebten, sehr viel schlanker und beweglicher und ungemein geschmeidig und reaktionsschnell geworden war und viel später tatsächlich das Tor des FC derart sauber hielt, dass es dem Verein sogar zur Regionalmeisterschaft reichte, dachte er in den Teilen seines Hirns, die für den kleinen Rest zuständig waren, den der Fußball ihm noch übrig ließ, manchmal schaudernd und wie durch graue Erinnerungsschleier kurz an die drei Propheten vom Schulhof. Was er aber schon beim nächsten katzenhaften Sprung und Flug durch den Torraum wieder vergaß.

In der Stadt errangen Egon, Emil und Edwin bald einen gewissen Ruf. Da sie nach der naturgemäß erfolglosen Absolvierung der Sonderschule weiter zusammenblieben und in einer sogenannten behüteten Werkstatt mit leichten Arbeiten ihr karges, aber in aller Anspruchslosigkeit doch hinreichend bequemes Auskommen fanden, das ihnen zudem viel freie Zeit bescherte, sah man das Trio auf dem Weg zur Werkstatt oder von dort nach Hause, alle drei wohnten noch lange bei ihren Eltern, oft in seltsamer Aktion. Trafen sie auf dem Marktplatz oder in einer der Gassen, die allesamt sternförmig auf ihn zuliefen, eine Gestalt, die ihre Gesichte und Visionen reizte, stellten sie sich wie eine Mauer vor den Betreffenden. Erhoben feierlich ihre Häupter, blinzelten in den Himmel und huben jedes Mal mit einem „Heil dir!“ an.

So weissagten sie allerlei ziemlich verduzten Bürgern Stadtrats-, ja sogar Bürgermeister- und Konzernkarrieren, einer ätherisch schmalen, verhuschten und schüchternen Waldorf-Schülerin, die mit ihrem Violoncello-Kasten auf dem Rücken ihnen über den Weg lief, gar die Laufbahn als Chefin eines internationalen Callgirl-Rings. Das Mädchen, schamverstört, lief puterrot an und lispelte zuerst nur „Ihr Hexen! Ihr Hexen!" Dann wurde aus dem Lispeln ein weher Empörungsschrei, als wären in ihn alle eurhythmischen hysterischen Vokal-Geister aus dem Arsenal Rudolf Steiners gefahren. Das ergab einen auf zwei lange „E"-Ekstasen-Laute gezogenen Ausbruch, den die halbe Stadt mitbekam, soweit sie gerade unterwegs und in Hörweite war. Abgesehen davon, dass sich später herausstellen sollte, dass die Prophetien der drei Hexen alle eingetroffen waren, hatten die drei nun auch ihre endgültige Berufsbezeichnung weg.

Als sie älter wurden, kamen sie irgendwann überein, die Werkstatt zu verlassen, sich mit dem Unterhalt durch die Sozialhilfe zu begnügen, aber eine Tagesbleibe zu suchen, die ihnen gemäß schien. Und da sie einmal bei einem ihrer ziellosen Weissagungsstreifzüge den Stadtrand und das gleich dahinter beginnende Brachland erreicht hatten, fiel ihnen die letzte Tankstelle vor der Autobahn in die Augen. Von nun an war sie ihre Burg, ihr Gotteshaus, ihr Zauberplatz und Hexenkessel. Sie hatten sich ohne viele Worte, die ihnen ohnehin nicht zu Gebot standen, dort eingenistet. Ihr Entrée-Billett war natürlich eine Weissagelallung gewesen: „Heil Dir, Ewald! König aller Tankstellen! Herrscher über das Reich Aral!" Ewald hatte nur kurz gelacht, weil er das Reich Aral allzu gut kannte, Esau nur ein bisschen länger geknurrt.

Dann aber hatte Egon, der hinter seinen dicken Brillengläsern die großen Augen in ständigem Schielen blinzeln ließ, zu einer der Bierflaschen gegriffen, die er hinter der gläsernen Kühlschranktür entdeckte, sich eine Zigarette angezündet und war hinter dem Tischchen, um das die drei sich plazierten, in ein stummes sanfte Gestikulieren hinein geraten. Seine Arme hatte er leicht erhoben, als wolle er Luftgeistern oder gar Engeln, unter die auch ein paar Teufel geraten sein mochten, Bedeutendes signalisieren. Seinen Armbewegungen zufolge waren sie über den Regalen mit den Motorölen zu vermuten. Bei sehr gutem Wetter trat Egon gerne auch vor die Tür des Kiosks und vollzog seine Luftgeisterbeschwörung unmittelbar gegenüber den Zapfsäulen.

Emil war, was Bier und Zigaretten anging, dem Beispiel Egons gefolgt, richtete aber den verschwommenen Blick unter seinem an einer Stelle ja sehr weich gewordenen Schädel durch die Glasfront des Kiosks und referierte unendlich mühsam, aber in eiferndem Fleiß die Markennamen der die Ausfallstraße in beiden Richtungen befahrenden Kraftfahrzeuge, mindestens diejenigen, die er durch die ziemlich verschmutzte Scheibe erkennen konnte. „VW, Volvo, ein Japse, BMW, Fiat, Mercedes", je nachdem, ging seine unaufhörliche Litanei. Edwin dagegen, der sehr darauf acht gab, dass kein eventuell die Glasfront durchbrechender Sonnenstrahl die Metallplatte erhitzte, die seinem Kopf sowieso eine Qual war in Wärme wie in Kälte, hielt seine Bierflasche wie ein Baby im linken Arm. Er wiegte sie, wenn er gerade nicht aus ihr trank, denn auch sanft hin und her. In der rechten Hand bewegte er seine Zigarette zwischen zwei Fingern höchst elegant und lässig wie einen locker geführten Dirigierstab. Manchmal schoss ein Schwall Bier aus der hin und her bewegten Flasche und nässte Edwins Hemd und Hose um Bund und Gürtel herum. Was kein schönes Bild abgab, aber ihm nichts ausmachte.

So etablierten sich die drei Hexen in Ewalds Tankstelle.

Niemand nahm groß Notiz von ihnen. Sie gehörten mit der Zeit einfach zum Inventar. Die eilige Vorbeifahrkundschaft hatte sowieso wenig Zeit, sich um sie zu scheren und war höchstens geneigt, neben dem vor dem gläsernen Kühlschränkchen leise vor sich hin knurrenden Kampfhund Esau in den drei einen zusätzlichen Grund zu sehen, der Tempo-Devise des Pächters „Tanken, zahlen, fahren" zügig und anstandslos zu gehorchen. Sie wurden geflissentlich übersehen. Bis zu dem Tag, als Ewald gerade den Kiosk verlassen hatte, um Esau Gassi zu führen, was dieser gewöhnlich in einer großen, wild bewachsenen Wiese erledigte, die hinter der Tankstelle ins Brachland hineinragte, wo Esau neben dem Geschäft der Darmentleerung und dem Hetzen und Rennen nach Stöckchen, die ihm sein Herr zuwarf, der Jagd nachging. Seine freilich nie erreichten Zielobjekte waren Wildkatzen, die dort umherstreunten und dem groben Hundevieh an Schnelligkeit und Finesse weit überlegen waren; sollte er es doch einmal in unmittelbare Nähe dieser kleinen Raubtiere geschafft haben, machte er sofort Bekanntschaft mit ihren scharfen Krallen und zog Leine. Normalerweise dauerten diese Ausläufe eine knappe Viertelstunde. An jenem Tag nun aber zogen sie sich hin, Esau wollte kein Ende finden.

Die Kasse zur Bedienung eventueller Kundschaft hatte Ewald für diese Zeit Edwin überlassen, den er für den Verständigsten und Brauchbarsten der drei hielt, dem er auch zutraute, Zahlen richtig zu lesen und Geld korrekt herauszugeben. Edwin stand stolz hinterm Kassentisch, hatte die Bierflasche zur Seite gestellt und zeigte auch keinen benässten Hosenbund. Egon und Emil hatten wie üblich hinterm kleinen Bistrotischchen Posten bezogen und waren wie in geschäftiger Trance ihren engelischen oder teuflischen Beschwörungsgesten und Aufzählereien nachgegangen – als plötzlich eine äußerst seltsame Gestalt die Tür aufriss. Sie trug dunkle Jeans, ein ebenso dunkles Pulloverhemd, dagegen aber auffallend weiße Turnschuhe. Über den Kopf hatte sie ein T-Shirt als unförmige Maske gestülpt, in die kleine Löcher für Augen, Nase und Mund gerissen waren. In der Hand hielt sie eine Pistole.

„Hä-, Hä-, Hä-, Hä-!" fing die Gestalt höchst erregt an zu stottern. Wahrscheinlich hatte sie „Hände hoch!" befehlen und „Das ist ein Überfall!" völlig unnötigerweise hinzubrüllen wollen, denn jeder außer den drei Hexen womöglich hätte ja doch sofort gesehen, womit er es zu tun hatte, die Überfallsgestalt kam aber über die erste Silbe nicht hinaus. Sofort wandten Edwin hinter seiner Kasse und Egon und Emil hinter ihrem Tischchen sich dem Eindringling zu, den sie mit geradezu erleuchteten Gesichtern anstrahlten. Ihre Augen waren zu allen Himmeln erhoben, die über den Öldosen und Scheibenreinigungsmitteln zu vermuten waren, und ihre Stimmen wurden unsagbar feierlich. Denn es war schon einige Zeit vergangen, seitdem sie ihre letzte Weissagung, das war noch drinnen in der Stadt, losgeworden waren, und Ewald hatte ja die seine nur ironisch in den Wind geschlagen. Jetzt schien es ihnen ganz unverhofft wieder so weit.

„Heil dir Hä!", psalmodierten sie ekstatisch im chorischen Terzett, „heil dir, Hä! Du wirst ein großer König Hä werden!" Die maskierte Gestalt, die in den letzten Monaten etliche kleinere Tankstellen im Landkreis auf diese Weise überfallen und bei einer sogar die nicht unbeträchtlichen Tageseinnahmen ergattert hatte, kam ins Schwanken und Straucheln. Sie fing an mit der Pistole zu fuchteln und in ein Stotterfeuerwerk von lauter „Ver-, ver-, ver-, ver-!“ auszubrechen, was womöglich bedeutete, dass sie unter sprachflüssigeren Umständen ein „Verarschen kann ich mich selbst!“ zum Ausdruck bringen wollte. Wurde aber von Edwin, Egon und Emil wie anbetend und verehrungsvoll an Armen und Händen gefasst, als wollten sie diese eventuell noch küssen, so dass die Gestalt sich gar nicht traute, sich diesen Hexen zu widersetzen, die offenbar auch seine Pistole gar nicht als Drohung und Gefahr, eher als Schmuck und Szepter zu betrachten schienen. Und so führten die drei die Gestalt in einer Art feierlichen Triumphzugs nach draußen. Dort hoben sie den Maskierten, der darob völlig verblüfft und wie erstarrt war, auf ihre Schultern – und setzten ihn auf der Diesel-Zapfsäule ab, die sie ihm sozusagen als Königsthron zuwiesen. Wenigstens so weit wollten die drei für das Eintreten ihrer Prophezeiung schon gesorgt haben. Dann tauchten Ewald und Esau auf, wenig später die Polizei.

Am übernächsten Tag war in der Lokalzeitung zu lesen, die früher stadtbekannten, dann aber für längere Zeit aus den Blicken der Bürger entschwundenen „Drei Hexen“ (man erinnere sich an die aufsehenerregende Belästigungsaffäre der ja seit einem schrecklichen Kirchenunfall geistig und hirnmäßig Behinderten mit der kleinen Cello-Schülerin!) hätten draußen auf der Heide am Brachland einen schon lange gesuchten Tankstellenräuber in mutigem Kampf niedergerungen. Man könne stolz auf sie sein: Die Tat der drei sei ein schönes Zeichen für erfolgreiche Inklusion und Integration.

Intermezzo II: Fürchtenmachen (Kinderszene)

Da vorne steht es und reißt sein schwarzlackiertes Maul auf wie ein gefräßiges Raubtier. Es wird mich verschlingen, von mir wird nichts mehr übrig bleiben. Und die goldenen Buchstaben, die da an seiner Seite das komische Wort „Kawai" bilden, machen alles nur noch schlimmer: Für dieses asiatische Monster bin ich doch nur ein kleines Häppchen roher Mensch, ein Häufchen Kind. Wieso wird so was nicht verboten? Gleich aber muss ich zu ihm hin, muss meine Finger in sein Maul legen und ihm auf die achtundachtzig weißen und schwarzen scharfen Zähne hauen. Guter Gott, ist mir schlecht! Am liebsten möchte ich mich übergeben und nichts wie raus hier. Aber ich bin hoffnungslos eingekeilt zwischen den Eltern neben mir und dem Lehrer vor mir. Die Luft ist stickig und zum Schneiden. Schon dieser schuhschachtelartige, niedrige Raum mit seinen komischen Stuckwülsten an der Decke macht mich ganz krank. Überall sitzen Kinder mit ihren Eltern, manchmal sind auch noch die Geschwister oder gar die Großeltern dabei. Gott, wie ist das peinlich! So vergrößert sich unsere Schmach noch. Was tue ich hier? Ich soll vorspielen. Das muss offenbar so sein. Mein Klavierlehrer, der einmal, als er selbst noch ein Kind war, ein großer, weltberühmter Pianist werden wollte, dem das

Publikum zu Füßen liegen sollte (hat er mir einmal stolz erzählt), der aber dann nur als Aushilfsmusikpädagoge an dieser verdammten städtischen Musikschule gelandet ist (hat er mir einmal schon weniger stolz geklagt), sagt immer: Hauptsache, laut! Und ja nicht irgend einen Ton mit einem anderen Ton verbinden! Jeden Ton für sich dramatisch rausknallen! Ja nicht auf die Musik hören! Und fleißig das Pedal drücken, egal wann! Wie beim Auto. Alle Lehrer an dieser Schule sagen das. Wenn wir nicht vorspielten, wüsste wohl auch niemand, dass sie unterrichten, denken sie. Und unsere Musikschule bekäme Schwierigkeiten. Also opfern wir uns halt auf, wir, die kleine tapfere, seufzende, leidende, schwitzende Kinderklavierarmee. Keiner von uns kann ja spielen, alle können nur üben, auch unsere Klavierlehrer können im Grunde nicht spielen, nur üben, aber das wollen sie nicht zugeben. Aber Üben kann man halt nicht vorspielen. Das kleine Mädchen vor mir ist mit ihrem Bach-Menuett gerade vom Kawai-Monster gefressen und wieder ausgespuckt worden. Ihre Tränen verschluckt sie so tapfer, wie wir alle unsere Tränen immer wieder tapfer verschlucken. Vielleicht schenke ich ihr mal einen Schokoriegel zum Trost oder vielleicht sogar aus Liebe, denn ich mag sie sehr, sie tut mir leid. Jetzt aber hilft nichts mehr, jetzt bin ich dran. Lieber guter Gott, hilf! Erbarme dich meiner! Ich will auch ganz viel beten, wenn es dir recht ist! Nein? Zaghaft lege ich dem fürchterlichen Untier meine Hände und Finger in den Rachen, schlage den ersten Akkord des Schumann-Stückchens an, das auch noch aus den „Kinderszenen" stammt (blöder Titel, Kinder haben keine Szenen, sie machen höchstens welche) und lasse – danke, danke, lieber Gott! –: einfach die Hände ruhen! Und die Finger unbeweglich! Ich lausche den paar wunderschönen Tönen, wie sie verklingen. Weiter nichts. Es ist herrlich! Es ist ja ganz toll! Meine Ohren, grundgütiger Himmel!, meine Ohren fangen an zu spielen, nicht meine Finger; das Pedal ist mir piepewurschtegal, der ganze Rest auch. Ich bin glücklich mit diesem einen Akkord! Im verdammten Schuhschachtelsaal macht sich Unruhe, ja Gelächter breit. Weil eben nichts weitergeht. Mein Lehrer wird sichtlich böse. Meine Eltern schämen sich. Doch das Raubtier vor mir scheint plötzlich zu lächeln. Und küsst mir sanft die Hände. Das genügt.

Die Fledermaus

Der junge Mann war seltsam angezogen. Er zeigte unter seinen braunen Locken ein schmales, nervöses, aber ausgesprochen helles, freundlichkeitsdurchleuchtetes Gesicht mit großen Augen, auf dem die schöne Sehnsucht sich spiegelte, die Welt möge die noch unsicher zitternde Zutraulichkeit, die aus ihm sprach, liebevoll und fest erwidern. Bot sich aber jetzt gerade als dunkle, fremde Erscheinung dar. Man hätte ja nie vermutet, dass ein Junge von ungefähr zehn Jahren sich freiwillig ein schwarzes Samtkrägelchen um den Hals legt, unter dem ein schwarzes, weites Cape seine dürren Schultern umflattert, einen Aufzug, den er dann noch mit schwarzen Kniehosen, schwarzen Strümpfen und schwarzen Schuhen komplettiert.

Er hatte sich diese Verkleidung aber sehnlichst gewünscht, seit er sie einmal im Schaufenster eines Kostümverleihs in der Stadt erblickte. Und er bat und bettelte und nervte die Frau, bei der er untergebracht war, so lange, bis sie ihm das Ensemble in Schwarz kaufte. Von da an hieß er in der näheren Nachbarschaft nur noch die Fledermaus. Was vor allem an dem flügelgleich flatternden Cape lag, das der kleinen, dünnen Gestalt etwas Schwirrendes gab. Man grüßte ihn auch mit diesem, nicht mit seinem richtigen Namen, auch wenn etlicher gutmütiger

Spott in diesem obenhin hingeworfenen „Hallo, du Fledermaus!“ lag. Und ein wenig Mitleid und Rührung war ja immer auch mit dabei.

Man nannte ihn die Fledermaus, nicht, weil er das Kostüm jeden Tag angezogen und es dadurch sozusagen abgenutzt und für jedes Nachbarn Auge abgewetzt und fadenscheinig und gemein gemacht hätte. Vielmehr, weil er es nur jeweils am letzten Freitag eines Monats, gegen vier Uhr am späteren Nachmittag, offen auf die Straße trug und ihm dadurch den Charakter einer zuverlässig, aber eben auch nicht allzu oft wiederkehrenden Sensation verlieh. Die dadurch noch eindrucksvoller mit seiner kleinen Person verschmolz. Und so erst den Ehren- und Spitznamen rechtfertigte.

Seinen Eltern war die kleine Fledermaus mehr oder weniger zugefallen. Sie wussten wenig von ihm und wollten auch wenig von ihm wissen. Kaum dass seiner Mutter groß klar war, wie sie ihn zur Welt gebracht und ein paar Jahre lang ein bisschen neben ihren beruflichen und erotischen Interessen her aufgezogen hatte, bis er zu einer Wochentagesmutter weggegeben wurde. Sie hatte nie ein Kind gewollt und fand es immer unsäglich albern, wenn die unfruchtbaren, aber „kuhäugigen gebärgeilen Bauchweiber“, wie sie ihre dementsprechenden Geschlechtsgenossinnen höhnisch zu titulieren pflegten, von Pontius zu Pilatus, von einem Kinderwunscherfüllungsversprechens-Guru zum nächsten pilgerten, ihre „dackeltreuen Männis“ eifrig und ergeben im Schlepptau und hie und da auch mit einer Samenprobespende zur Hand.

Es war der Abend des Tages, an dem ihr Mann im Chefbüro seiner großen, sehr gut gehenden Anwaltskanzlei seine ägyptische Geliebte, eine Fachanwältin ausgerechnet für Scheidungsrecht, zu einem letzten Rendezvous bat. Denn er wollte sie gerade für eine neue, frische, viel jüngere äthiopische Geliebte, eine Kellnerin im „Café Kontrapunkt", abservieren und dachte, dass er das so gutgelaunt wie lässig über die Bühne bringen könnte. Der Mann, der ein nachgerade untrügliches Faible für exotische Affären mit dunkelhäutigen Frauen hatte, rechnete aber nicht mit dem alles auf eine Rechnung setzenden, die strafrechtlichen Folgen mit wutunterlaufenem Hirn in den Wind schlagenden, zudem in Ehre und Würde schwer verletzten Temperament einer Afrikanerin. So ergriff sie das auf seinem Schreibtisch parat liegende spitze Briefmesser und trieb es ihm tief ins treulose Herz.

An diesem Abend des mörderischen Tages, der sie zur Witwe machte, ließ sich seine Frau vom Bruder ihres Mannes trösten. Was dann die kleine Fledermaus zur Folge hatte. Da zeitgleich zu ihrer Schwangerschaft der Prozess gegen die Mörderin ihres Mannes stattfand, was auch in der Stadt, die nicht jeden Tag ein derartiges Kapitalverbrechen zu bereden und mit dementsprechenden saftigen Detailmutmaßungen auszuschmücken hatte, alles andere in den Schatten stellte, war sie vom Kind, das da in ihr wuchs, ziemlich abgelenkt. Weder freute sie sich darauf, noch hatte sie ein Missvergnügen daran. Sie blieb leidlich neutral.

Ihr Schwängerer und Schwager war Kirchenmusik- und Chordirektor an der städtischen Hauptkirche „Zu unserer lieben Frau" und nebenher Besitzer eines äußerst profitablen Tonstudios. Er spielte, wie er sich stolz und eitel zugute hielt, sowohl musikalisch wie wirtschaftlich wie erotisch perfekt auf mehreren Manualen. Und eines dieser Manuale bot sich ihm dann auch künftig in der Gestalt seiner Schwägerin, die mit ihm lockeren, unverbindlichen Kontakt zur gelegentlichen Leidenschaftsauffrischung hielt. Dabei fühlte er sich für die kleine Fledermaus durchaus verantwortlich. Was keine Frage des Geldes war. Beide waren äußerst wohlhabend. Sie war immer schon unabhängig von ihrem Mann gewesen und Teilhaberin einer international tätigen *Law firm,* die ihre horrenden Honorare nach Stunden berechnete. Und er machte mit seinem Tonstudio, das sich seit neuestem auch mit den sogenannten sozialen Medien profitlich vernetzte, viel Geld.

Da aber das bischöfliche Ordinariat, dem auch die Kantorei der Hauptkirche „Zu unserer lieben Frau“ unterstand, einen ledigen oder gar in schlamperten Verhältnissen lebenden Kirchenmusik- und Chordirektor, der schließlich auch die sonntäglichen Hochämter zu begleiten hatte, nicht duldete, hatte sich der Schwager um der Sitte und des geforderten Anstands willen zu Zeiten eine eigene kleine Familie zuzulegen gehabt. Jetzt, da er zu seinen beiden ehelichen Töchtern noch einen außerehelichen Sohn hatte, bescherte ihm das zwar keine Gewissensqualen, und hätte das bischöfliche Ordinariat davon Wind bekommen, würde auch von dort aus nichts unternommen werden, so lange die heilige, rechtmäßige Ehe mit seiner Frau hielt, er sich nicht scheiden ließ und vor allem: nicht wiederverheiratete, was für die Kirche offenbar die größte aller großen Sünden darstellte. Das hieß: Es juckte niemanden, so lange niemand aufmuckte.

Aber das Ganze bescherte dem Schwager dann doch etliche Organisationsqualen. Denn er mochte den kleinen, zarten Kerl, kannte ihn allerdings nur von Fotos, die ihm seine Schwägerin sozusagen als fortlaufende Beweisstücke seiner Vaterschaft hie und da leichterhand zeigte, während sie sich mit ihm in verschwiegenen Hotels traf. Selbst gesehen und getroffen hatte er seinen Sohn noch nie. Den Kleinen hatte seine vielbeschäftigte Mutter noch in seiner Kindergartenzeit bei einer Frau untergebracht, die Mann und Kind (auch einen Sohn) bei einem schrecklichen Autounfall verloren hatte. Zum einen benötigte sie dringend das Geld, das ihr die Fledermausmutter großzügig bot, um ein kleines Einfamilienhaus draußen zwischen den Gärten und Wiesen der Vorstadt unterhalten und eine darauf liegende Hypothek tilgen zu können. Zum anderen konnte sie nun ihre ganze, wenn auch naturgemäß mit schmerzlichsten und herzzerreißendsten Erinnerungen durchdrungene Kinderliebe wieder auf ein kleines Menschenwesen richten, das in den ersten Wochen bei der fremden Frau ein angstvolles und trauerbitteres Schluchzen, das den schmächtigen Körper wie in Krämpfen durchzog, kaum überwand – dann aber doch Zutrauen zu der Liebevollen fasste.

Und immer, wenn wir zu jemandem Zutrauen gefasst haben, geschieht ja das kleine Wunder, dass der frei- und gutwillig auf den anderen gelenkte Sympathiestrom, der etliches von selbstloser Liebe mit sich tragen muss, denn sonst trägt er nicht, sich auch schwungvoll wieder umkehrt. Und man so auch Zutrauen zu sich selbst fasst. So ging es auch der Fledermaus, die im Zutrauen und in der Liebe zu der fremden Frau als eigene kleine Person stärker, freier und froher wurde.

Und da er in der Schule gute Fortschritte machte, was seine Mutter weniger, seinen Vater, dem sie beiläufig davon erzählte, mehr interessierte; und weil der Kleine auf einer seiner kindlichen Körper- und Armgröße entsprechenden vorerst noch halben, auch noch nicht gekauften, sondern gemieteten Violine in der Städtischen Musikschule offenbar erfolgreich Geigenunterricht unterhielt, was seine Mutter gar nicht, seinen Vater sehr interessierte, und im Alter von neun Jahren den einen oder anderen Vorspielabend mit kleinen, aber technisch durchaus anspruchsvollen Stücken souverän bestritt, auch gute Aussichten hatte, beim Wettbewerb „Jugend musiziert" teilnehmen zu dürfen und zudem im Kulturteil der Lokalzeitung als „kommendes Talent" vorgestellt wurde – war aus dem Kleinen langsam aber sicher durchaus ein kleiner Großer geworden. Was endlich seine Eltern leibhaftig auf den Plan rief. Und zum seltsamen Kostümkauf führte.

Es ist ja um die Elternliebe kurios bestellt. Normalerweise ist sie langmütig, selbstlos und „höret nimmer auf", wie es der Apostel Paulus im zweiten Korintherbrief von jeglicher Liebe einfordert. Auch nimmt die Elternliebe normalerweise selbst missratene und sie enttäuschende Sprösslinge in den Herzensschutz einer verrückten Großzügigkeit, die nicht nach Lohn und Verdienst, Leistung und Gegenleistung fragt. Es gibt allerdings auch eine Elternliebe, die auf ein geratenes Kind geradezu spekuliert. Und erst im Fall einer nicht nur im Familienkreis, sondern auch und vor allem öffentlich auffallenden Geratenheit in Wahrheit einsetzt und unter stolzgeblähten vollen Segeln in Gang kommt. Exakt darum handelte es sich bei den Eltern der kleinen Fledermaus. Wenn man auch konzedieren muss, dass sie nicht die ganze Takelage, allenfalls kleinere Vorsegel in dieser Angelegenheit hissten.

Die Mutter war ja außerordentlich abgelenkt. Abgesehen davon, dass sie in den komplizierten und die ganze engagierte Frau fordernden Angelegenheiten ihrer Kanzlei weltweit sich tummeln musste, wurde sie vom Gefühl, neben ihren vielen Mandanten, die ihre ganze Kraft in Anspruch nahmen, auch noch ein Kind zu haben, um das sie sich auch mal kümmern könnte, höchstens bei den sporadischen Zwischenliebesspielen mit ihrem Schwager gestreift, die sich meist an ein gemeinsames Abendessen in einem erlesenen teuren Restaurant anschlossen. Wofür ihr Schwager gegenüber seiner Frau, um jeglichen ehebrecherischen Verdacht gar nicht erst aufkommen zu lassen, einen fürsorglichen, verwandtschaftspflegerischen Impuls ins Feld führte, mit dem er sich der Armen nach all den Schrecken aus Mord und Prozess und Skandal, die sie hatte durchmachen müssen, zuwenden wolle, um „gute Gespräche zu führen“ und einfach Trost zu spenden.

Und da die Arme auch nie bekannt gemacht hatte, von wem das Kind war, das sie in jener Schreckenszeit unterm Herzen trug, aber weite, gewöhnlich als gut unterrichtet beleumundete und also in Wahrheit wie üblich völlig ahnungslose Kreise annahmen, das Kind sei sozusagen ein letzter Gruß ihres gemordeten Gatten, nahm des Schwagers Eheweib auch die Jahre anhaltende Verwandtschaftspflege ihres Mannes als normales Werk selbstloser christlicher Nächstenliebe gutmütig hin, die einem in Diensten der heiligen Mutter Kirche stehenden Organisten, Musik- und Chordirektor wohl anstand. Auch war seiner Ehefrau zu Ohren gekommen, dass ihr Mann den Avancen, die ihm jüngere weibliche hübsche Chormitglieder machten, charmant, aber ehrenmannhaft widerstand – wenn die Damen nach den Singstunden sich um ihn drängten und ihn mit Augenaufschlägen und Sehnsuchtsgeläche l traktierten. Was des Musikers Eheweib stolz und zufrieden machte, ihm nun aber sozusagen ein doppeltes Alibi verschaffte. Denn sie hätte ihm ja jetzt, nachdem ihr so viel Rühmendes über seine Versuchungsresistenz zugewispert ward, keinerlei ehebrecherischen Sünden mehr zugetraut. So ging er als von seiner Frau von vornherein abgesegneter Unschuldsengel zu den Treffen mit seiner Schwägerin, die sich sowieso nur sehr unregelmäßig arrangieren ließen – und wenn, dann kam man nach Einnahme eines wohlschmeckenden Soupers im Restaurant gleich danach im unehelichen Doppelbett eines wie gesagt verschwiegenen Hotels so rasch und erledigungsgierig zur erotischen Sache, dass der Mann immer unverdächtig zeitig wieder zu Hause war. Das ging nun, so lange es ging.

Nun aber, da ihr Sohn zu einer kleinen angenehmen Auffälligkeit in der Öffentlichkeit geworden war, fand die Mutter, es sei Zeit, das Kind nicht ganz aus den Augen zu lassen, wenn sie es schon auch nie aus ihren Finanzen gelassen hatte. Auch kam ihr zupass, dass sie des Schwagers und seiner Menüs wie seiner sowieso im Lauf der Zeit nicht mehr gar zu überschäumenden sexuellen Leidenschaft gerade überdrüssig geworden war und ihm gleichsam die Scheidung von Restauranttisch und Lotterbett verkündete. Und so stand sie am Tag nach der Trennung vom Kindsvater vor der Tür, hinter der das Kind wohnte. Die Tagesmutter, die der Kleine innig liebte, ließ die Mutter verlegen eintreten, wischte sich rasch ihre feuchten

Hände an der Schürze ab, in der sie soeben noch in der Küche gestanden hatte. Sie stellte rasch den Herd ab, streifte sich die Schürze von den Schultern und rief nach dem Jungen, der, seinen Geigenbogen in der rechten Hand, die Violine unterm linken Arm geklemmt, neugierig herbeikam.

Er richtete seine großen, offenen Augen auf die schöne schlanke Frau, die, dezent gehüllt in eine Wolke frisch duftenden Parfüms, in einem eleganten schmiegsamen mauvefarbenen Kostüm aus kostbarem Leinenstoff auf schmalen Pumps vor ihm stand. Sie beugte sich zu ihm herab und legte ihm die rechte Hand so leicht und vorsichtig auf die Schulter, dass die Geige keinen Schaden nahm. Mehr an Zärtlichkeit und Annäherung gestattete sie sich nicht. Ihre langen, weich schwingenden braunen Haare ließ sie wie einen Schleier vor ihr Gesicht fallen. Das Kind sah erstaunt, wie dahinter ein roter Mund wie eine klaffende Wunde sich auftat und hörte, wie die Frau, die er nicht mehr kannte, weil er sie aus seinem Kopf zugunsten des Wesens verdrängt hatte, dem er sein Zutrauen schenkte, ganz sachlich sagte: „Ich bin deine Mutter". Einfach so. Ohne weitere Einleitung. Ohne einen Gruß. Ohne ein „Hallo!" oder ein „Wen haben wir denn da!?" oder eventuell „Welch eine Freude!" oder dergleichen. Sie hatte offenbar ihre ganze Grußenergie schon an der Tür gegenüber der Tagesmutter verbraucht. Und ihr „Ich bin deine Mutter!" hatte sie nicht leise gesagt. Sie hatte das aber auch nicht hinaustrompetet. Sie hatte es vorgetragen wie eine Aktennotiz oder wie die Quintessenz eines Schriftsatzes vor Gericht.

Der Kleine, der innerlich, wie wir gesehen haben, ja

schon ein Großer war, zeigte sich keinesfalls verstört. Weder empört. Noch entzückt. Er nahm, was ihm so sachlich mitgeteilt wurde, trotz des Überraschungseffekts, in den es gekleidet war, einfach als Tatsache. Und schaffte es nun, die ihn Überrumpelnde seinerseits völlig zu überraschen, als er ihr, ohne sie freilich Mama oder Mutter zu nennen, wie einer beliebig gerade als Gast weilenden Fremden höflich anbot: „Willst du nicht Platz nehmen?“ Was der Tagesmutter die Verlegenheitsröte ins Gesicht trieb, denn es wäre ja wohl eher ihre Sache gewesen, der Frau, die ihr immerhin viel Geld zukommen ließ, weil sie deren Kind hütete und erzog, einen Stuhl anzubieten. Andererseits machte sie die souveräne Kühle und Wohlerzogenheit, die der Kleine dabei an den Tag legte, schon auch ein bisschen stolz, so à la: „Das hat er bei mir gelernt“.

Das Kind zupfte derweil leicht an der A-Saite seiner Geige, als wolle er sie eben mal nachstimmen. Was ihm den Anschein eines gewissen Gelangtweilseins gab. Als seine Mutter gerade dazu ansetzen wollte, die dadurch entstandene peinliche kleine Pause zu überbrücken und nach passenden Worten suchte, ging abermals die Türklingel. Und hereinkam nach ein paar durch den Flur vernehmbaren erklärenden Sätzen in Brummbasslage der Schwager. Er hatte, ohne sich offenbar mit ihr abgesprochen zu haben, dieselbe Idee wie seine allerjüngst gewesene Geliebte und das Bedürfnis, nach dem letzten Liebesessen mit der Schnöden sich nunmehr seinem Sohn zuzuwenden. Schnaufend und mit einem Strahlen, das er übers ganze Gesicht wie angeknipst hatte, legte er seinen Staubmantel schwungvoll auf einen freien Stuhl, nahm sich ohne Aufforderung noch einen, den er leicht vom

Tisch wegzog und sich weit gespreizt verkehrt herum darauf setzte, so dass seine Arme lässig über die Rückenlehne baumelten. In den Händen hielt er locker einen Lego-Baukasten, den er dem Jungen mit den Worten entgegenstreckte: „Ich bin dein Vater!"

Für jedes andere Kind wäre eine derartige Doppel-Verdutzung auf einen Schlag zu viel gewesen. Zumal dieses Kind nie etwas von seinem Vater gehört hatte, er ihm von seiner Mutter verschwiegen wurde, und seine Tagesmutter, zu der es längst „Mutter" zu sagen sich angewöhnt hatte, natürlich auch nichts von ihm wusste. Der Junge aber nahm auch die ihm plötzlich offenbarte Vaterschaft in Gestalt des wuschellockigen heiter oberflächlichen Menschen, der ihm hier grinsend und kumpelhaft lockend gegenüber sich gesetzt hatte, ebenso sachlich und ohne sichtbare Emotion hin wie zuvor schon das Wiedersehen mit seiner Mutter. Er sagte artig ein „Dankeschön!" für das Geschenk, das er sorgsam auf dem Wohnzimmertisch plazierte, wo er kurz nach dem Hereinstürmen des Fremden, der sein Vater sein wollte, auch schon seine Geige samt Bogen abgelegt hatte. Und dann tat er nichts weiter als zuzuhören.

„Also um es kurz zu machen und um Sie nicht länger vom Ihren Haushaltsgeschäften abzuhalten als nötig: Ich möchte wenigstens einmal im Monat meinen Sohn, der ja ein wunderbarer junger Mann geworden ist, ganz dringend sehen! Schließlich bin ich sein Vater. Und ein junger Mann braucht einen Vater, ohne ihn ist er nur halb. Ich schlage also vor: An jedem letzten Freitag eines Monats, also zum ersten Mal jetzt in einer Woche, komme ich so gegen vier Uhr nachmittags hier vorbei, hole den Jungen ab; dann gehen wir ins Kino oder in den Zirkus, danach Eis essen oder Kuchen oder gerne auch Pommes mit Majo oder Hamburger, oder was er halt mag. Und dann bringe ich ihn rechtzeitig zur Schlafenszeit wieder her – und wir beide haben was voneinander, das wäre doch cool!“, wandte der Vater sich in emphatisch plapperndem Ton an die Tagesmutter und an den Jungen gleich mit. Wozu er lebhaft mit den Armen ruderte, die ausschauten, als würden sie von der Stuhlrückenlehne, auf der sie lagen, lustig empor geschleudert.

„Das könnte dir so passen, du Hallodri“, fuhr ihm die Mutter in die Parade. Sie hatte den Hereinstürmenden vorher nur mit einem knappen, verärgerten Ruck ihres Kopfes begrüßt, peinlich berührt von der unpassenden Begegnung. Und hatte bisher noch gar nicht das Wort ergriffen. Was sie jetzt in ihrer tief-samtenen Alt-Stimmlage nachholte, die vor Gericht, wenn sie Zeugen oder Sachverständige befragte oder zu ihren gefürchteten Schlussplädoyers ansetzte, immer großen Eindruck machte. Hier aber lag, was vor Gericht nie vorkamm, ein leichtes Erregungsvibrato in ihrer Stimme. „Und wie willst du das deiner Frau erklären, nachdem du mich nicht mehr seelsorgerisch betreust?“, höhnte sie in Richtung ihres Schwagers.

Der Kleine, der, wie gesagt, innerlich ja schon ein ziemlich Großer war, ahnte dunkel komplizierte Zusammenhänge. Und staunte.

„Und um jetzt endlich zur Hauptsache zu kommen, bitte verzeih’ mir Kleiner, dass ich nicht gleich den Mund aufgemacht habe: Ich möchte mein Kind, das ja wahrlich und wahrhaftig ein wunderbarer Junge geworden ist, eben auch von nun an so oft sehen wie möglich. Ich bin zwar viel in der ganzen Welt unterwegs und kann mich nicht groß kümmern, deshalb, mein Liebling, ändert sich auch nichts, du bleibst ja bei deiner Tagesmutter. Das ist dir doch recht? Aber einmal im Monat, und zwar, da hat dein Vater seltsamerweise schon ins Schwarze getroffen, aber es soll mein Schwarzes sein, also immer am letzten Freitag, da kann ich mich freischaufeln, da habe ich Zeit. Gerne um vier Uhr am Nachmittag. Dann gehen wir Computerspiele einkaufen, Eis essen, Go-Kart fahren, Shoppen, Bummeln, was du willst. Was meinst du? Willst du?"

„Also meine Frau spielt da keine Rolle", kam der Vater endlich zu Wort, als seine Schwägerin nach ihrer Schluss-Frage kurz Luft holte, „der habe ich schon erklärt, dass ich da einmal im Monat einen auswärtigen Motettenchor betreuen muss, das ist geklärt. Aber Go-Kart mit einem Zehnjährigen, bist du wahnsinnig geworden? Die Dinger sind bis zu 190 Kilometer in der Stunde schnell, die lassen dich mit dem Kleinen ja gar nicht auf die Bahn! Du würdest das Kind ja locker umbringen mit deinen Spinnereien! Derartige Weiber gehören verboten!", brachte sich der Vater in flammende Rage, die drauf und dran war, alles zu verderben. Und der Kleine schaute denn auch schamverloren zu der Frau hin, zu der er „Mutter" sagte, die es zwar in Wirklichkeit nicht war, ihm aber in diesem Moment dringlicher als sonst eine sein musste. Und da sie in seinen Augen Ratlosigkeit und Verzweiflung und auch ein bisschen Ekel las, denn so groß war der Kleine innerlich dann doch noch nicht, dass er über alle diese Überrumpelungen nur mit Höflichkeit hätte hinwegsehen können, machte sie einen Vorschlag.

Und so kam es, dass der Kleine und seine „Mutter“, nachdem sie ihn am nächsten Tag von der Schule abgeholt hatte, beim Heimgang durch die Stadt an jenem Laden vorbeikamen, der das Kostüm mit dem Samtkrägelchen, dem Cape und den Kniehosen samt den schwarzen Schuhen im Schaufenster ausstellte. Und sie erstand alle diese seltsamen Sachen, die das Kind sich so sehr wünschte.

Am nächsten Freitag, dem letzten im Monat, bot sich der Straße, an der das Haus der Tagesmutter lag, das ungewöhnliche Schauspiel, das dem Kleinen seinen Spitznamen einbrachte. Die breite, geräumige Straße, die den Charakter eines behäbigen Vorstadtboulevards hatte, war gesäumt von Einfamilienhäusern mit Vorgärten, hie und da war auch eine Villa darunter, die dann auf einem größeren Grundstück prunkte, das als kleiner Park angelegt war. Entlang der Trottoirs links und rechts reihten sich Silberpappeln, deren Blätter im Wind flirrten. Aber sie waren so locker gepflanzt, dass man von den Obergeschossen der Häuser zwischen ihnen einen bequemen Blick auf die Straße hatte, die den Namen Bardenallee trug.

Und da in etlichen Häusern Leute wohnten, die längst keinem Beruf mehr nachgingen, sondern sich als Pensionisten ihre leeren Tage vertreiben mussten, sah man an jedem letzten Freitag eines Monats etliche ältere Leute aus den Fenstern der Obergeschosse auf die Bardenallee hinunter schauen. Sie hatten ihre Arme breit auf Kissen gestützt, die sie auf den Fensterbänken positionierten. Einigen unter ihnen, meist höheren Beamten, war zum traurigen Abschied aus Büros und Kontoren von den Kollegen unter bröseltrockenem Scherzkeksgetue ein sogenanntes dick gepolstertes „Pensionskissen" dediziert worden (auf das dann alle mit Filzstift ihre Namen verewigten) – mit eben der Empfehlung, es morgens auf die Fensterbank zu legen, den Tag über darauf gestützt nach draußen zu starren, Parksünder aufzuschreiben und überhaupt der sozialen Spionage-Kontrolle über die Nachbarschaft zu frönen.

Am besten besetzt waren die Fensterbänke aber immer an jenen Freitagen. Die Spione da droben konnten ihre Uhren danach stellen: Punkt sechzehn Uhr fuhr eine sehr elegante Dame in ihrem SUV, einem BMW X3, vor das Haus der Tagesmutter der kleinen Fledermaus und parkte auf der linken Seite. Fünf Minuten danach donnerte der Porsche Cayenne des Wuschelköpfigen herbei und bezog direkt gegenüber auf der rechten Seite der Bardenallee Stellung. Dann tat sich die Haustür auf. Und die Fledermaus trat heraus. Im Kostüm. Der Kleine sah aus, als wäre er soeben als Hauptdarsteller einer Kindertheatervorstellung des „Hamlet" entflohen, zeitgemäß, also paradoxgemäß inszeniert: das elternlose Scheidungskind. Zwischen verschiedenen Seins.

Also flatterte er zur Mutter, die elegant und lässig an ihre Fahrertür gelehnt sich darbot, ließ sich von ihr viel ins Ohr sagen und auch übers Haar streichen, flüsterte dann ihr wieder etwas ins Ohr. Dann wandte sich der Kleine ab und flatterte, umweht von seinem Cape, über die Straße zum Vater, der sich breitbeinig und protzig halb auf die Kühlerhaube seines Porsche gesetzt hatte. Ließ sich vom Strahlenden und Grinsenden viel ins Ohr flüstern. Und flüsterte zurück. Dann flog der Junge wieder über die Straße zur Mutter, wo sich das Flüster- und Zuhörspiel wiederholte. Dann wieder zum Vater. Dann wieder zur Mutter. An manchen Freitagen stieg er in den Porsche ein, an anderen in den BMW. Und wer ihn dann im Auto hatte, fuhr eine Fledermaus spazieren oder zum Eis essen oder ins Kino. Das Kostüm war die Grundbedingung des Kleinen, um auf den Vorschlag der Frau einzugehen, die er „Mutter“ nannte, die das aber nicht war. Der Vorschlag, den sie an jenem denkwürdigen Nachmittag in ihrem Haus den Anwesenden unterbreitet hatte, lief darauf hinaus, dass der Kleine allein es sein müsse, der entscheide, mit wem er immer den letzten Freitag im Monat verbringe.

Es wurden, nachdem die Sache öffentlich geworden war, von Haus zu Haus, sozusagen über die Zäune und Hecken der Oberfenstergucker hinweg, telefonisch Wetten abgeschlossen, wer denn „heute den Sieg davon tragen“ werde. Ein Glücksspiel. Denn sicher war hier nichts. Nur die Frau, zu der die Fledermaus „Mutter“ sagte, die das aber nicht war, wettete still für sich.

Und nachdem der Hin- und Herflug der Fledermaus auf der Bardenallee an sechs Monaten mit dem Einstieg ins eine oder ins andere Auto beendet worden war, kam es im verflixten siebten zu Unerhörtem. Das Kind war ungefähr an diesem letzten Freitag zehnmal hin und her gerannt, das war viel mehr als sonst. Hatte mit dem Vater geflüstert und sich dessen Versprechungen und Verheißungen angehört. War hinüber geflogen zur Mutter und hatte sich ihre Wunscherfüllungsgesänge angehört. Denn es war zwischen den drei lange schon nicht mehr beim Eisessen und beim Kino geblieben. Es war zum Beispiel eine normale, also richtig dimensionierte, recht teure Erwachsenengeige für den Jungen angeschafft worden (vom Vater);

die Mutter lockte mit der Aussicht auf eine gemeinsame Fernreise nach Bali oder Australien („Was ist dir lieber?") in den nächsten großen Ferien; der Vater konterte mit einem versprochenen Besuch im Amsterdamer Concertgebouw oder in der Berliner Philharmonie, auch den Wiener Musikverein stellte er in Aussicht. Und so fort. In steter Steigerung. Irgendwann würden die New Yorker Carnegie Hall oder die Londoner Royal Albert Hall den Freitagnachmittag krönen.

Das Unerhörte an diesem letzten Freitag war, dass die Fledermaus zwischen BMW und Porsche, Vater und Mutter, mitten auf der Bardenallee plötzlich innehielt. Und das Hin- und Herfliegen einstellte. Und sich zu einem ganz anderen Sein entschloss. Und langsam und ganz ohne Flattern und so, als habe er das Kostüm nun schon abgelegt und ohne sich noch nach irgendwem umzudrehen, sich auf die Haustür zu bewegte, hinter der die Frau gerade ihre Wette gewonnen hatte, zu der die Fledermaus „Mutter" sagte.

Dorf und Depp

Als sie ihn fanden, lag er da wie ein großes Insekt. Das Gesicht gegen den Ackerboden gedrückt. Arme und Beine weit von sich gestreckt. Er hatte sich wohl im Fallen noch abstützen wollen. Zuvor war er in dieser eiseskalten Winternacht von einer Hütte aus aufgebrochen, die der Kleintierzuchtverein am Rand eines Teiches, der mitten in den Feldern lag, unterhielt. Die Hütte war nicht nur ein Vereinsheim, sie diente zugleich dem breiteren vereinsunabhängigen Publikum als Wirtsstube und Gesellschaftshaus und Eingangsbereich samt Kasse, denn sie war von kleineren, durch Zäunen voneinander getrennten Parzellen umgeben, in denen Ziegen, Schweine, Ponys, Hasen, Meerschweinchen und natürlich jede Art von in allen Farben und Kopfputzgefieder schillernden fremdestländischen Hühnern gehalten wurden. Was allgemein als Zoo betrachtet wurde, der sich den flotten Namen Ponderosa Ranch zugelegt hatte, um der insgesamt sich hinterm Teich und dichten Holunderhecken doch recht beschaulich und bieder duckenden Anlage den Anhauch von Weite und Abenteuer und Landlust zu verleihen. Die ganze Anlage war zudem ein beliebtes Ziel für die Schulklassen und Kindergartengruppen aus dem nahe gelegenen Dorf, die zur Ponderosa leicht und billig zu bewerkstelligende kleine Ausflüge und sogenannte Lerngänge unternahmen und solcherart Zoologie und Biologie, wenn auch in äußerst bescheidenem Rahmen, als Anschauungsunterricht geboten bekamen.

In der Hütte der Ranch hatte in dieser eiseskalten Winternacht Wilhelm das getan, was er dort winters wie sommers oft tat: Er hatte sich von den paar Zechern, die sich die späte Zeit vertrieben, einige Bier ausgeben lassen, für die er sich in seiner eigenen Währung revanchierte. Denn er hatte kein Geld. Dafür hatte er Lieder. Sie sang er vor. Und damit bezahlte er beim Bäcker sein Brot und beim Metzger seine Wurst. Und in der Ponderosa sein Bier. Also stieg er an diesem Abend in der Ranch-Hütte auf einen Tisch und suchte nach dem ersten Ton. Was bei ihm immer eine heilige, sehr ernste und feierliche Angelegenheit war, völlig frei von jeglicher Verlegenheit oder Peinlichkeit. Als decke er sozusagen seiner Stimme den Altar, von dem sie sich gleich erheben und zu allen Himmeln emporsteigen werde. Wobei die niedere Hüttendecke, an die Wilhelm auf dem Tisch balancierend schier mit dem Kopf anstieß, der Himmelfahrt seiner Stimme nichts anhaben konnte.

Als er den ersten Ton fand, der sich meist auf einem F einpendelte und einschwang („F wie Filhelm“, spottete der Musiklehrer der Dorfschule), suchte er das erste Wort. Denn sowohl die Ton- als auch die Textfolge seiner Lieder entstanden erst im Moment, in dem er seiner Stimme die Zügel schießen ließ. Sie hatte etwas knabenhaft Kindliches, aber auf eine schöne exotisch melodische Art Durchdringendes. Und wirkte schon von der Tongebung her auf eine seltsame Art verführerisch. Sie schritt auch nie über oder unter eine Folge von fünf Tönen hinaus oder hinab, die er allerdings durch winzigste chromatische Stufungen so anschwellen ließ, dass es schien, als bewege er sich auf einer ins Unendliche wachsenden Tonleiter. Allein schon dieser Eindruck, dass da auf engstem, knappem Raum sich eine große Weite auftat, zusammengesetzt aus lauter kleinsten Verschiebungen, verlieh seiner Kunst große Magie. Was noch dadurch nicht nur verstärkt, sondern erst richtig beglaubigt wurde, dass Wilhelm zu seinen Tönen die irrsinnigsten Texte einfielen, die er wie aus der Luft zu klauben schien – wobei ihr Sinn eben im spontan Irren lag.

Wenn er auftrat, war es deshalb, als hörte man einem Schamanen zu, der nicht einem Gegenwartsvolk vorsang, das mit Autos zur Arbeit fuhr, Eigenheime baute, Fernsehen guckte, auf Notebooks herumwischte, ins Internet ging, Rechnungen schrieb und bezahlte, die Kinder zur Schule brachte, sich von den stumpfsinnigsten Radiosendern den lieben langen Tag bedudeln und berieseln ließ, seine Äcker bestellte oder überhaupt dem äußerst lukrativen Haupterwerbszweig des Dorfes nachging; denn man exzellierte in der intensiven Zucht und Kultivierung und Fortentwicklung der allerschönsten Apfelsorten, die weite Anbauflächen jeweils zur Frühlingszeit mit Farben und Blüten und vor allem betörenden Düften geradezu überschwemmten. Zu Wilhelms Liedern dagegen hätte eher ein Volk von Urzeiten her gepasst, das Rentierherden durch die Tundra trieb oder auf Büffeljagd ging und das noch an Wahrsagungen und Zaubersprüche und Totems glaubte.

Und wenn Wilhelm dann vom F an sich zwei Töne hinauf arbeitete in minimal jaulenden, winzigsten Verschleifungsschrittchen und seinen knäbischen Tenor einer Verszeile lieh, die zum Beispiel „Und der Tod,/ dürres Pferd,/ irres Pferd“ lautete und die aus seinem kleinen, wirren Kopf zu fallen schien wie eine fremde faule Frucht, und wenn Tod und irres, dürres Pferd, als hätten sie schon eine weite, lange Reise hinter sich, beim G sich auf eine „ausgedörrte Stierhaut,/ Land mit hartem Brot“ legten und Wilhelm dazu die Pupillen in seinen halbblinden Augen hinter den Lidern zitternd verschwinden und nur noch das Weiße darin sehen ließ – dann spürte jeder, dass Wilhelms Welt keine Welt war, die weiterging. Sondern eine Welt, die er anhielt. Und zum Stillstehen brachte.

Einmal soll er, Gott weiß wie und woher, in den Besitz einer Pistole gelangt sein. Die Schaudergeschichte davon erzählte man sich noch lange und gerne, wenn es spät wurde an den Stammtischen der beiden Ortskneipen, die Stimmen schon nicht mehr ganz sicher waren und die sie unterstreichenden und bekräftigenden Gebärden der Trinker und Bramarbasierer immer fahriger wurden. Bevor dem Wilhelm noch jemand das Schießeisen habe entwenden können, um Schlimmstes zu verhüten, so ging die Sage, sei er mit ihm auf die Straße gelaufen, nein, nicht gelaufen, mehr getänzelt und geschwänzelt, „erinnert ihr euch, es war eine wahnsinnige Szene!?“ Dann sei er die Straße entlang die kurze Strecke bis vor die Kirche, ja, doch, irgendwie geschwebt, so habe das jedenfalls gewirkt, „der Teufelskerl“, und dort erst habe der Wilhelm angehalten. Die Pistole gezogen. Den Arm senkrecht empor gestreckt. Und ebenso senkrecht in den Himmel hinauf geschossen. Drei steile scharfe Schüsse. Dann sei das Magazin gottlob schon leer gewesen. Als man auf ihn zugestürzt sei und ihm das Ding aus der Hand gewunden habe, hätte er auf die Frage, was um Gottes Willen denn das gewesen sei, was er da veranstaltet habe, nur geantwortet: „Ich habe Gott gestoppt." Was allgemein so gedeutet wurde, als habe Wilhelm dem großen Ganzen, für das er offenbar „den da droben" in der Verantwortung sah, Einhalt, ja Stillstand gebieten wollte. Insofern passte der irrsinnige Schuss in den Himmel zum irren Charakter von Wilhelms Liedern.

Es war ja nun auch so, dass Wilhelm, der Weltstillsteller und Gottesstopper, nicht nur in der Bäckerei, der Metzgerei und im kleinen, mehr schlecht als recht über die Runden kommenden Dorfdiscounter auftauchte, um für seinen Schamanengesang Brot, Wurst und Butter einzutauschen. Das war sozusagen nur seine Alltagsarbeit. Viel bedeutender war, dass Wilhelm sich so zuverlässig wie ehrfurchtgebietend vor den Türen und in den zur Straße hin gewöhnlich offenen Innenhöfen der Häuser postierte, in denen gerade jemand im Sterben lag. Und dann anhub mit seiner Kinderstimme: „Horch, wie sie spricht,/ die Eisesstimme./ Mattes Ticken,/ Totenuhr."

Das verzieh man ihm nicht nur und nahm es keinesfalls als Geschmacklosigkeit. Im Gegenteil. Man wartete geradezu darauf. Es ging die Sage im Dorf, dass erst, „als der Wilhelm gesungen hat", der oder jene endlich habe sterben dürfen. Und auch einen ins scheinbar endlos Chromatische gedehnten Vers wie „Lang der Seidenfaden/ des Wurms für unser Leichentuch" nahm man als sterbehelfenden Trost, nicht als Drohung. Das Dorf besaß zwar eine kleine, wehrhaft gedrungene, Jahrhunderte alte evangelische Kirche, vor der ja auch Wilhelms berühmter Schuss losgegangen war. Aber in dem ganzen Gemeinwesen glaubten nur noch die wenigsten an irgend etwas, was nur im entferntesten mit Gott oder einem Jenseits zu tun hatte, und das nur auf einen Schlag beziehungsweise auf einen Schuss sichtbar, will sagen spürbar wurde, als aus Wilhelms Hand nach ihm geballert wurde. Sonst aber tat sich in diesem Ort wie überall eine gewisse metaphysische Dauerlücke auf. Und in dieser Lücke und um sie herum erfüllten Wilhelms schamanische Hymnen sozusagen die tönende Funktion einer Ersatzreligion.

Zwar wurden von der Bevölkerung die Dienste des amtlichen Pastors für die begleitenden Rituale zu einer Beerdigung samt Musikumrahmung gerne in Anspruch genommen, schon weil man als Kirchensteuerzahler auf derartigen Service einen Anspruch zu haben glaubte. Gleiches und ebenso Oberflächliches galt für Hochzeiten und das jeweils üppig mit Geschenken und Tafeleien und Partys und ersten Rauch- und Sauf- und manchmal auch schon Sexualerfahrungen gefeierte Fest des Eintritts der protestantischen Jugend ins Erwachsenenleben namens Konfirmation. Aber das wahre Sakrament der tönenden Sterbendensalbung spendete doch einzig und allein Wilhelm. Er war so etwas wie der Priesterersatz der Dorfheiden.

Dieser wundersame Priester Wilhelm war aber nicht nur halbblind. Er war auch keineswegs „richtig im Kopf", wie man das scheu und beinahe ehrfurchtsvoll um Verständnis werbend nannte. Und natürlich war er das, was in jedem anderen Dorf der nördlicheren Welt als „Depp", der südlicheren als „Trottel" durchgehen würde. Allein schon um die Umstände seiner Zeugung rankten sich die irrsten Geschichten, die aber bei aller Dreistigkeit und Unfassbarkeit auch im Ton einer gewissen späteren Heilsgewissheit des Gezeugten erzählt wurden.

Seine noch jungen Eltern, beide an jenem Tag offenbar schwerst trunken von dem in dieser Gegend sowieso tagtäglich in Unmengen verzehrten sauer prickelnden Apfelwein, naturgemäß aus lokalem Anbau, den sie mit etlichen Gläsern höherprozentigen Obstbrandes noch anschärften, waren nächtens durch ein Kellerfenster ins örtliche, weithin wegen seines für ein Museum ungewöhnlichen Gegenstands berühmte Apfelmuseum eingebrochen. Dort hatten sie zwischen historischen Hacken und Schaufeln, zwischen Schautafeln und den Vitrinen mit alten Dokumenten, zwischen Zuchtdemonstrationen und Zuchturkunden sich der Unzucht hingegeben. Wozu sie die Jutesäcke aus dem neunzehnten Jahrhundert, in welche die Apfelbauern damals ihre Erzeugnisse zu verpacken pflegten, von der Wand rissen, an der sie als Exponate angebracht waren, und als Unterlage für ihr Treiben auf dem Boden missbrauchten. Und das vollzog sich so schweinisch laut, dass man die entsprechenden brutalen Brunftschreie und Lustjauler und das ganze ekstatisch grunzende Rauschgelärm bis weit hinaus in die zu dieser Nachtzeit allerdings still und wie ausgestorben daliegenden Straßen hören konnte.

Aber ganz ausgestorben liegt eine Straße ja nie da. Ausgerechnet der örtliche Bestattungsunternehmer war kurz vor die Tür getreten, um Luft zu schnappen. Er unterhielt nahe des Apfelmuseums ein Etablissement, in dessen Schaufenster er Urnen und Särge feilbot und vor dem Schaufenster in einer Art gepflastertem Vorgarten eine Kollektion glattpolierter feinster Grabsteine präsentierte.

So dass jeder, der aus der direkt gegenüber liegenden Bäckerei morgens trat, die noch frisch und warm duftenden Brötchen und Brezeln eingepackt unterm Arm, im Vorgefühl des irdischen Frühstücksgenusses gleich auch an das Ende nicht nur aller Frühstücke gemahnt wurde. Was den Kunden der Bäckerei allemal eine gewisse Stimmungseintrübung verschaffte, den Besitzern der Bäckerei aber ein dauerndes geschäftsschädigendes Ärgernis war.

Und weil nun der Bestattungsunternehmer, der den Tod nicht ins Magazin verbannte, sondern ihm eine geradezu freimütige Auslage schuf, oft bis spät in die Nacht im Hinterzimmer seines „Abschiedsladens", der als Werbeslogan ein „Hier liegen Sie richtig" propagierte, noch über Holzsorten, Kissenbezüge, Leichenhemden und Messingbeschläge zu grübeln pflegte, hörte er nun die wilden Schreie, die er zuerst gar nicht lokalisieren konnte. Zunächste dachte er berufsbedingt und also durchaus hoffnungsfroh sich profitlich die Hände reibend: Da stirbt doch jetzt jemand! Aber mit zunehmender Lauschintensität dämmerte ihm, dass es auch das Gegenteil bedeuten könnte.

Und so kam die Kunde vom nächtlichen Skandal, die naturgemäß dann allerschnellstens die Runde machte, in die kleine Welt, die das Dorf war. Polizei und Justiz legten sowohl den Einbruch ins Museum als auch dessen sexuelle Zweckentfremdung schnell zu den Akten und nahmen weitere Ermittlungen gar nicht erst auf. Zumal der materielle Schaden von der Verwandtschaft der beiden samt einer Geldstrafe anstandslos beglichen wurde. Außerdem konnten die rohen Zeugungskräfte, die in jener Nacht am Werk waren, aus zwei Gründen einer besonderen Zurechnungs- und also Verantwortungsfähigkeit und also der Einsicht in eine Straftat kaum unterliegen. Erstens, weil die beiden, wie gesagt, im Zustand absoluter Volltrunkenheit auf Most- und Schnapsbasis ihre Schandtat begingen, wobei es bösen Zungen sowieso als ein Wunder erschien, dass „die das so besoffen überhaupt hinkriegten".

Und zweitens, weil nicht nur Wilhelms Eltern, sondern schon deren Eltern eng miteinander verwandt waren; man heiratete, um den Apfelanbau samt den dazu gehörenden Anbauflächen möglichst beieinander zu halten, gerne in die Familie des Bruders oder der Schwester der Mutter oder des Vaters hinein. Lauter Vettern-und-Cousinen-Ehen allerersten Grades. So dass in manchen Familien eine schon länger bestehende und wenigstens eine Zeit lang sich auch durchaus wirtschaftlich auszahlende Linie inzüchtigster Verkettung ergab. Freilich dann doch mit den bekannten genetischen Folgen einer ziemlichen Verhässlichung und Minderhirnung des betreffenden Menschenschlags. Man trug gern übergroße Köpfe und Kröpfe zur Schau und blickte mit leicht schielenden Augen in die Welt, litt an Hasenscharten und Wolfsrachen. Was aber dann irgendwann wieder auch wirtschaftliche Konsequenzen zeitigte. Denn was nützen die schönsten Obstanbauflächen, wenn am Ende der Verstand nicht hinreicht, sie richtig zu kultivieren?

Das führte in etlichen Apfelbauer-Familien, die sich einen Rest an Vernunft bewahrten und die das Gefühl beschlich, man müsse jetzt aber mal die Reißleine ziehen, zu einer geradezu revolutionären Taktik, die auch von einer gewitzten Rest-Schläue zeugte. Man schaute sich für viel Geld nach möglichst ansehnlichen, stattlichen jungen

Männern aus der landschaftsgärtnerischen Sphäre in der Fremde um, wozu man sogar die eine oder andere Agentur beauftragte. Und man hoffte auf schöne, aber arme Burschen, die mit der lockenden Aussicht auf fette ökonomische Obst-Erträge und Profite und auf ein dementsprechend äußerst wohlhabendes Leben über die groben und manchmal auch schon das Kretinöse ahnen lassenden dumpfen Züge der Töchter hinwegsahen, die mit der externen Manneszufuhr das schon etwas verdorbene Familienblut aufzufrischen hofften. Was hie und da auch gelang.

Weshalb man dann im Dorf, das mit schönen Menschen natürlich nicht sonderlich gesegnet war, in der nächsten oder übernächsten Generation durchaus das eine oder andere ansprechende humanästhetische Exemplar bewundern konnte, das sogar die Grenze zur Hübschheit streifte. Nicht so aber in Wilhelms Familie. Nach seiner Geburt blieben seine Eltern dort, wo sie zuvor sich auch schon am liebsten befanden: in gewaltigen Dauerräuschen. Irgendwann landeten beide, vom Alkohol zerstört und in Debilität verschlissen, in geschlossenen Anstalten, die sie bis zu ihrem frühen Tod nicht mehr verließen. Der Kleine ward von einer Schwester seiner Mutter mehr untergebracht als aufgezogen, die ihm in ihrem Haus eine Schlafkammer freiräumte, ihm die Wäsche richtete und für Mahlzeiten sorgte. Jede weitere Zuwendung oder Zuneigung unterblieb von dieser engeren Verwandtschaftsseite her, von Liebe ganz zu schweigen. Wahrscheinlich auch aus Scham und Pein. Denn der Junge zeigte früh, dass es mit ihm körperlich wie geistig nicht weit her war.

Eine spindeldürre Gestalt, um die zu Zeiten ein grobes,

weites, meist schmutziges Beinkleid, nur gehalten von breiten Hosenträgern, schlotterte. Ein schmaler Kopf, auf dem wirre Haare auf ein paar Büschel verteilt waren. Ein immer halb offen stehender Mund, in dessen Winkeln sich Rotz und Sabber sammelten. Eine große, zum dünnen Gesicht wenig passende Nase zwischen Augen, die von Geburt an wenig dazu halfen, die Umwelt wahrzunehmen; sie verschwammen schlierig und unruhig in einem Dauerblinzeln, das Halbblinden eigen ist. Sprechen konnte Wilhelm erst spät und nur das Notwendigste, und das stotternd. Singen aber konnte er schon früh: das Wunder- und Sonderbarste, und das eben fließend und raffiniert.

Manchmal schlägt ja das, was wir Schicksal nennen, nicht einfach zu. Und überfällt die Menschen auch nicht. Oder reißt sie ins Elend. Oder in eine Auswegslosigkeit. Ein Schicksal kann auch, selten genug, einen umarmen. Mit Wilhelm, dem alles in die sowieso nicht vorhandene Wiege (die ohnehin kaum mehr als eine Holzkiste war) gelegt schien, was die Welt und das Schicksal gewöhnlich für seinesgleichen an Ausgrenzung, Spott und Hohn, Verfolgung, Verwundung und Vernichtung bereithält, kam es eben zu einer solchen Schicksalsumarmung. Sei es, dass die grotesken, ja geradezu monströsen Umstände seiner Zeugung und der Untergang seiner Eltern die Erwachsenen im Dorf gleich davon abhielt, dieses Kind, „das ja nichts dafür kann", mit Verachtung zu strafen. Sei es, dass Wilhelm ein gewisser Zauber umgab, den Außenseiter oft ausstrahlen, weil sie von nichts als von sich selbst und einer grenzenlosen Einsamkeit und Hilflosigkeit umgeben sind, unbeeinflusst und auch gar nicht beeinflussbar von Familie, Bildung, Erziehung. Ein Zauber, den die von

Familie, Bildung und Erziehung umgebenen und beeinflussten und oft ja auch beengten anderen Kinder als ein ihnen nie erreichbares Freiheitsmoment spüren. Jedenfalls erwiesen sich Erwachsene wie Kinder im Dorf in Sachen Wilhelm: als Mitleidige. Und als Helfende. Ja, fast als Liebende.

Nicht nur, dass man ihn unterhakte und zu allen Spielen mitnahm, bei denen er auf dem Bolzplatz den Balljungen, beim österlichen Eierweitwurf auf der großen Wiese vor dem Dorf den Eiersammeljungen, beim Räuber-und-Gendarme-Spiel gar den Polizeichef geben durfte, der die gefangenen Diebe zu bewachen hatte. Man ließ ihn auch ohne große amtliche Genehmigung an den Unterrichtsstunden der Dorfschulkinder teilnehmen, das heißt einfach dasitzen. Und er hielt sich ruhig dabei. Nur an der Musikstunde nahm er höchst aktiv teil, konnte jeden Ton, den der Lehrer auf dem arg verstimmten Pianino anschlug, sofort nachsingen, und zwar so, dass er jetzt nicht mehr unrein, sondern sauber und rein klang. Melodien merkte er sich sofort, sofern sie nicht über fünf Töne hinausgingen. Aber das machte nichts. Manche seiner Kameraden kamen nicht einmal über drei Töne hinaus. So kam Wilhelm in Gesellschaft. Die für ihn sorgte. Und für ihn da war. Einmal hatte ihm eine Nachbarin ihren Geldbeutel in die Hand gedrückt und ihn gebeten, für sie beim Bäcker ein paar Brötchen zu kaufen, sie könne jetzt gerade nicht, ob er so gut sein wolle? Er war so gut. Im Laden, der an diesem Samstagmorgen, an dem fast das halbe Dorf „gemütlich frühstücken" wollte, übervoll von Leuten war, die sich auf ihre Samstagmorgengemütlichkeit viel einbildeten, aber doch nach erledigtem Brötchen- und

Brezelkauf schnell wieder an ihren häuslichen Gemütlichkeitstisch zurück wollten, benötigte Wilhelm viel Zeit.

Es vergingen Minuten, bis er seine Bestellung halbwegs vernünftig vorbringen konnte. Und es dauerte endlos lange, bis er die benötigten Geldstücke aus dem Portemonnaie gefischt, jedes noch so kleine vor seine halbblinden Augen gehalten und nach eingehender Prüfung auf den Zahlteller auf der Theke gelegt hatte. Der Gemütlichkeitsablauf geriet gewaltig ins Stocken. Es bildete sich eine lange Schlange von Einkaufswilligen, die bis auf die Straße hinaus reichte. Die Verkäuferin wartete geduldig und lächelte freundlich. Und auch aus der langen und immer länger werdenden Reihe der Wartenden kam kein einziges missbilligendes oder höhnisches, nicht einmal ein witzig zur Eile mahnendes Wort. Es war, als ob sie alle eine große Gelassenheit erfasst hätte. Wilhelm hielt auch hier die Zeit und die Welt an. Und als er endlich den Geldbeutel umständlich zugedrückt und die Tüte mit Brötchen unter den Arm geklemmt hatte, war zwischen umständlicher Bestellung und noch umständlicherer Bezahlung gut eine Viertelstunde vergangen. Über die sich niemand beschwerte.

Der Umgang der Dörfler mit Wilhelm war, man kann es sich nicht oft genug staunend vor Augen halten, gegen alle Regeln des normalen und das will sagen gleichgültigen bis mitleidlosen gesellschaftlichen Verhaltens. Dieses Verhalten verlangt ja gewöhnlich lauthals für alles, was aus dem Rahmen fällt, nach der Hilfe des Staates, der bürokratisch Zuständigen und schon von Amts wegen zur Hilfe Verpflichteten. Hier aber im Dorf fühlte sich wundersamerweise jeder zuständig. Waren irgendwo im Dorf

Kleider oder Schuhe übrig, aus denen die Kinder des Hauses hinausgewachsen waren, wurden sie zu Wilhelm geschickt. Der denn auch mit der Zeit anständiger gekleidet seinen Liederwegen nachging, die für ihn wohl auch Traumpfade waren. Weder an seinem Geburtstag noch an Weihnachten ging er leer aus. Er war wie ein Kind von allen. Es war ein kleines Wunder, diese Innigkeit zwischen Dorf und Depp. Und sie hielt an, als er älter und erwachsen und zu einer Figur wurde, die niemand wegdenken oder auch nur ausblenden mochte. Er gehörte ganz selbstverständlich dazu.

Und Wilhelm zahlte zurück. Mit seinen Liedern. Sie gefielen selbst den Tieren. Oft konnte man nämlich beobachten, wie Wilhelm mitten auf der Hauptstraße, die sich durchs Dorf schlängelte, eine Prozession anführte. In seinem Gefolge: vier große, prächtige, herrlich radschlagende, in allen Blau- und Grün- und Violett-Farbtönen schillernde Pfauen. Die großen, bunten Vögel waren dann immer ihrem nur mäßig befestigten Gehege im ältesten Obstanbau-Hof des Ortes entflohen und stolzierten nun wie die wahren Adelsherren des Universums über die Straße, stießen ihre schrillen kehlig scharrenden Schreie aus und paradierten hinter Wilhelm derart breit daher, dass der gesamte Verkehr, der sonst unaufhörlich durchs Dorf von der größeren Stadt her und weiter zum nächstgelegenen Ort floss, völlig zum Erliegen kam. Wenn Wilhelm mit seiner Pfauentruppe herumzog, er vornedraus mit einem schönen Lied auf den Lippen, die Pfauen hinterdrein mit einem infernalischen Lärmgekoller und -geknorze im Schnabel, bildeten sich schnell kilometerlange Staus in beiden Richtungen. So dass es ausschaute, als wallfahrten die vielen Autolenker extra hierher ins Dorf und hielten dort nur an, um dieser seltsamen Prozession teilhaftig zu werden.

Wilhelm war keine Figur aus einer Tragödie. Er war ein Liebling. Das Drama fand erst statt, als in dieser einen eiseskalten Winternacht Hubschrauber in der Luft waren, die mit ihren Suchscheinwerfern Lichtkegel über die schneebedeckten Häuser und Straßen und Gärten und dann auch Felder und Äcker des Dorfes huschen ließen. Und man Polizeihunde kläffen hörte. Und Hundertschaften von schnell alarmierten Beamten und freiwillig mitmachenden Bewohnern (das halbe Dorf war auf den Beinen) das nähere und weitere Gelände durchkämmten.

Und es wurde zum Drama, weil drei Leute spät nachts in der Hütte der Ranch des Kleintierzuchtvereins irrtümlich meinten, ein vierter, der eben auch gerade gegangen war, hätte den Wilhelm mitgenommen. Er war aber allein und halbblind und wohl ein Winterlied auf den Lippen aufgebrochen und hatte die Orientierung verloren. Dem kalten und schneeharten Ackerboden, auf den er sich verirrt hatte, schenkte er, bevor er starb, in der Dunkelheit noch ganz schnell alle Wärme, die in ihm war. Als sie ihn endlich fanden, lag er da wie in großes Insekt. Das Gesicht gegen den Boden gedrückt. Arme und Beine von sich gestreckt. Er hatte sich wohl im Fallen noch abstützen wollen. Und als sie ihn umdrehten, sahen sie, dass auf seinem Gesicht ein Lächeln stehen geblieben war.

Intermezzo III: Männersache

Der Satz fiel am Nebentisch: „Mann kann das auch!" Er kam von einem großen, blonden weichen Mittdreißiger mit blauen Augen. Er hatte als einziger ein Kind dabei, einen ungefähr siebenjährigen hübschen Buben, der ihm bis aufs Blondhaar sehr glich und sofort anfing, auf dem Platz herumzukobolzen und die Enten zu jagen, die im großen Brunnen herumpaddelten. Die anderen am Bistrotisch, ebenfalls zwischen dreißig und vierzig, zwei Frauen, zwei Männer, die aber ein unverbindliches, paar- und kinder- und beziehungsloses Single-Quartett bildeten, alle versehen mit etwas leicht ratlos alternden Gesichtszügen, grinsten nur beziehungsvoll. Die Frauen höhnischer, die Männer verlegener. Denn der lange Blonde mit dem offenbar entschiedenen Anliegen beharrte mit sanfter Stimme auf seiner Lebenskatastrophenerzählung: „Ich liebe mein Kind. Es ist doch genauso meines wie das meiner Ex. Und die hat mich doch, bevor, wie sie immer gegreint hat, dass ‚mein biologisches Fenster zuschnappt', einfach zum Vater gemacht. Hat die Pille abgesetzt, den günstigsten Moment abgewartet – und zack! Ohne mich zu fragen oder sich mit mir zu verständigen oder diesbezüglich auseinanderzusetzen. Und ich habe mich nicht nur überraschen und überrumpeln lassen, ich habe mich sogar gefreut wie ein Schneekönig, ich war stolz und glücklich und all das!"

Wieso aber dürfe er jetzt sein Kind nur alle vierzehn Tage einmal am Wochenende sehen und für sich haben? Wieso habe seine Ex das natürliche An- und Vorrecht auf dieses Kind? Allein dadurch, dass sie es geboren habe? „Und wenn man es mal genau nimmt: Kommt ihr da nicht ein ungerechtes Vorrecht von Selbstverwirklichung zugute, das sie naturgemäß qua Abtreibung jederzeit ins Gegenteilige, aber genauso sich selbst Verwirklichende hätte drehen können – natürlich auch ohne mich zu fragen oder einzuweihen. Und fühle ich mich da nicht zurecht zu nichts als einem mal genehmen, mal nicht genehmen Spermalieferanten degradiert, gerade recht als Sexualstaffage?!" Und seien Väter weniger wert als Mütter? Wo bleibe da das gerechte Recht? Und die Gleichberechtigung?

Gerade an dieser Stelle brachte Maria, die unnachahmlich traurig guckende, kinder- wie männerliebende Platzbeherrscherin, von ihrem kleinen feinen Kiosk her („Pane e Vino"), der den schönsten Platz der Stadt ziert, eine neue Lage Prosecco. Ein kleiner Sommerwind wehte über das Arreal und durch Haare, in die Sonnenbrillen gesteckt worden waren. Die anderen Männer am Nebentisch schauten etwas verlegen zu Boden, sie trauten sich auch deshalb nicht, für ihren Geschlechtsgenossen Partei zu ergreifen, weil ihnen Kinder- und Partnerfragen au fond peinlich waren. Die Frauen ließen dagegen ein „Na, aber hör mal!" halb empört, halb zynisch ins Luftige glucksen und schienen offenbar ganz solidarisch mit der Ex des Blonden. Der nun aber unbeirrt fortfuhr. „Mein Sohn gehört mir so gut wie ihr!" Und er sei ein guter Koch, während sie überhaupt nicht kochen könne. Was die Frauen am Tisch mit einem verächtlichen Schnauben kommentierten, das sich deutlich auf die Seite der Nicht-Köchin schlug. „Und ich bin genauso berufstätig wie sie und hätte selbstverständlich genau wie sie auf eine ordentliche Kindertagesstätte vertraut, als der Bub noch kleiner war, und mich jetzt für eine gute Schule mit Betreuungsmöglichkeit stark gemacht, genau wie sie." Wieso also er nicht allein sein Kind behalten dürfe? So, wie sie es auch allein für sich beanspruche. Schließlich erziehe er es in Güte und in Liebe. Wie sie hoffentlich auch. Gelte Emanzipation und Gleichberechtigung nur für Frauen? Und dann fiel der Satz noch einmal: „Mann kann das auch!" Der Sommerwind wurde stärker, die Damen wurden lauter. Ein paar Proseccogläser fielen um. Maria aber lächelte.

Don Giovanni fährt Taxi

Ja, bitte gerne, ich bin frei. – Wohin soll's denn gehen? – Zum Flughafen, gut. Aber bei dieser Hitze leider kein Vergnügen. Aber demnächst soll's ja gewittern. Kühlt dann hoffentlich ein wenig ab. Wird aber ein wenig dauern, alle Ausfallstraßen verstopft. – Tut mir leid, meine Taxe hat keine Klimaanlage. Dafür schöne Ledersitze!

(*Tätschelt den leeren Beifahrersitz.*)

Guter, alter Citroën-Karrengaul, muss noch ein paar Jahre für mich schaffen. Ist ja unverwüstlich, ein bissle weich in der Federung, ein bissle schlampig in den Kurven, aber unverwüstlich, völlig unverwüstlich. Wenn ich längst tot bin, fährt der immer noch.

(*Lacht.*)

Fenster und Schiebedach auf, das muss genügen! Na, ziehen Sie nicht so ein Gesicht, wird schon!

(*Blickt grinsend in den Rückspiegel, der dem Fahrgast, der hinten rechts eingestiegen ist, wiederum ein Chauffeursgesicht voller Munterkeit, wenn auch nicht ohne Fältchen zeigt: runde, kleine Nickelbrille vor blitzenden Augen, kurze graue Haare, insgesamt die Anmutung eines schon leicht verlebten Mittvierzigers.*)

Stört es Sie, wenn ich das Radio anlass'. Ich hab' da gerade eine CD eingelegt?

(*Zwei gewaltige d-Moll-Orchester-Schläge dröhnen aus der Anlage.*)

Ja? Au' recht, schließlich ist der Fahrgast König. Na, nicht bei allen Kollegen. Da gibt's wahre Dudelfunk-Tyrannen. Apropos Tyrannen, die Uhr läuft, wenn's Ihnen recht ist. Oder wären Sie mit einem Festpreis einverstanden?

(*Er sagt „Feschtpreis" mit einem starken alemannischen Einschlag.*)

Also, wenn Sie das dann mit Ihrer Buchhaltung ins Reine bringen könnet: Hundert Euro Hauptbahnhof-Flughafen, da kann niemand meckere, und der Käse isch gegesse'! Okay? Nein? Au' recht, ganz wie Sie wollet. Und störet Sie sich bitte nüt an dem Zettel vor Ihrer Nase, der auf der Kopfstützenrückseite klebt, wisset Sie, das isch so ein bizzele mein Wahlspruch, mein Talisman, gell, isch doch luschdig.

(*Er dialektelt jetzt derart, dass der Fahrgast in Versuchung gerät, wieder um die Einschaltung des Radios zu bitten.*)

Läset Sie ruhig.

(*Fällt dann aber wieder teilweise in ein vornehm gutturales Schleiflack-Hochdeutsch.*)

Also da steht: ‚Man muss aufhören, sich essen zu lassen, wenn man am besten schmeckt: das wissen die, welche lange geliebt werden wollen'. Wissen Sie, von wem das ist?

(*Haut mit der flachen Hand auf die Hupe, die er mehrmals hektisch aufheulen lässt, und legt eine Vollbremsung hin.*)

Ja, Herrgottsack, dieser Elendsdepp, dieser Allmachtsidiot, was drängt der da rein?! Lauter Kretins unterwegs, Monsieur, lauter Lebensmüde, Hirnlappenamputierte, die gucken nicht links, nicht rechts, und blinken tun sie auch nicht – und dann Karawumm! Wenn ich nicht aufpasst hätt'! Aber z'rück zum Zettel. Wisset Sie, von wem das ist? Das ist vom Nietzsche. Kennen Sie den? So? Nicht wahr, ein großer Philosoph, und wie der sich völlig moralfrei sogar in kannibalische Pointen hinein verrennt, und das natürlich voller Luscht, überhaupt ein gigantischer Lüschtling, jenseits von Gut und Böse, am Ende ist er verblödet, Paralyse, Siphylis, soll er sich in einem Genueser Männerbordell geholt haben, obwohl er immer so hetero getan hat. Na ja, Luschtschwamm drüber! Aber die Liebe, die Liebe, die ist eine Teufelsmacht! Haha. Guter Witz, was? Und mir ist es nämlich genauso gegangen wie dem Nietzsche, also nicht, was die Männer angeht und auch nicht das mit der Siph', aber ich hab' auch aufgehört, mich fressen zu lassen, als ich am besten geschmeckt hab'. Ich hab' selber gefressen, also zu fressen angefangen. Und zugebissen habe ich! Zugebissen! Und gekaut! Und geschluckt! Das kann ich Ihne' sagen! Gott befohlen! Mein Magen war riesengroß in Sachen Weiber! Und isch das immer noch! Denn das Studium der Weiber isch schwer, bekanntlich! So, gottverdammte Scheiße aber au', jetzt haben wir den Salat! Gucken Sie, da isch er, der Stau. Und da stehen wir jetzt. Heilandzack! Herrgott Sackerment, verreck! Und das kann dauern. Wann geht Ihre Maschin'? So, erst dann? Dann haben mir ja noch Zeit, dann ist ja alles halb so schlimm.

(*Greift wie in Trance zum Autoradio, drückt den Knopf, die CD kommt wieder in Gang, rasende, pochende Geigen und Holzbläser hetzen hintereinander her, als wolle sie ge-*

rade ein unruhiger, in völliger Panik aufgelöster Geist schon in der Ouvertüre zur Hölle jagen.)

Ach, entschuldigen Sie, das ist mir jetzt nur so passiert, wenn Sie wollen, stelle ich sofort wieder aus. Oder soll ich's einfach ganz leise machen, nur so für den Hintergrund? Ist schließlich Mozart, od'rr? Meine Lieblingsoper, da staunen Sie, gell? Karl Böhm mit Fischer-Dieskau als Super-Wüschtling, Birgit Nilsson als Donna Anna, Martina Arroyo als Donna Elvira, Peter Schreier als Don Ottavio, wissen Sie, dem DDR-Tenor, der überall mitgesungen hat, wo's halt Moos gegeben hat, ah, Sie wissen nicht, was Moos ist? Das sind Euro, Mark oder Franken oder Pfund oder Dollar, ganz wie's kommt, also Diridari, wie der Bayer sagt.

(Lacht meckernd.)

Ja, und dann ist da noch die Reri Grist als Zerlina und der Martti Talvela als Komtur, super. Alte Aufnahme, damals im Osten gemacht, in Prag, deswegen der unvermeidliche moosgeile Schönbrülltenor und tantiemenscheffelnde Ost-Schreier und Kommunisten-Allmachts-Herrgottssack, wissen Sie! Zwar schludriges Orchester, horchet Sie mal auf die skandalöse' Holzbläser, aber trotzdem. Passt auch nichts richtig zusammen. Aber gerade deshalb passt's! Genial aus Misslichkeit! So was gibt's ja auch. Immerhin Böhm, nüt wahr!

(*Aus dem Autoradio tönt jetzt gerade Ezio Flagello mit ‚Notte e giorno faticar/ per chi nulla sa gradir;/ pioggia e vento sopportar,/ mangiar male e mal dormir!' Der Vorhang ist also sozusagen nach der Ouvertüre aufgezogen.*)

Was ich Sie aber fragen wollt': Verdienen Sie so viel, dass Sie sich heute abend eine Frau kaufen können? Ja, Sie haben richtig verstanden: kaufen! Also gucken Sie nicht so konschterniert, schließlich schwätz' ich kein Hottentottisch, sondern klares Deutsch! Also, können Sie sich heute abend eine Frau kaufen, leisten, genehmigen, meine ich? Sind Sie so solvent? Und nicht nur heute abend, sondern sagen wir: für vierzehn Tag'? Verdienen Sie so viel? Was sind Sie überhaupt von Profession? – Was machen Sie? Wer zahlt Sie? Ja, verreck! – Soooo? Sorry und nix für ungut! Na dann womöglich wird da nichts draus bei Ihnen, armer Mann! Und das füllt Sie aus? Na, jeder, wie er denkt und glücklich wird! Solchene wie Sie muss es wohl auch geben! Aber wie kann man nur!! Bitte, geht mich nix an, ist Ihre Sach'! Tsssss! Chrrrrr!

(*Bricht wiederum in ein meckerndes höhnisches Gelächter aus. Schnaubt dazu leicht verächtlich durch die Nase.*)

Ich aber, ich sage Ihnen: Ich stecke mein ganzes gutes Geld, und ich verdien' nicht schlecht, schließlich ist diese Stadt das teuerste aller teuren Pflaster, und die Trinkgelder gar nicht erst dazu gerechnet, ich investiere mein ganzes gutes Geld: in Frauen. Ich kauf' sie mir. Ich leg' nichts zurück fürs Alter, die Rente kann mir gestohlen bleiben. Ich hau' alles auf den Frauenputz!

(*Birgit Nilsson tobt gerade stahlhart und klar aus dem Radio mit ‚Questa furia disperata/ mi vuol far precipitar'.*)

Jetzt gucken Sie schon wieder so konschterniert! Was denken Sie aber auch! Keine Professionellen! Keine Nutten! Um Gottes Willen, nein! Das wär' ja aber auch! Nein, nein, nein und abermals nein! Proschtituierte sind tabu! Wo käm' ich da auch dahin?! Nein, nein, keine käufliche Frauen, die sich kaufen lassen müssen, sondern bitte:

kaufbare, also solche, die sich einfach kaufen lassen wollen!

(*Haut wieder drei-, vier Mal auf die Hupe.*)

Arschloch, kruzitürkenverreckt's! Will sich da von rechts reindrängen! Bleib in deiner Spur, du Depp! Stau ist Stau! Da gibt's keine Leckerli!

(*Wischt sich den Schweiß, der ihm in kleinen Bächen in den Kragen rinnt, mit einem schon ziemlich feuchten Taschentuch aus dem Nacken.*)

Aaaah, wenn's doch endlich gewittern tät'! Eine Abkühlung wär' gut! Also, wo waren wir? Ah so, bei die Weiber! Also, Sie haben ja keine Ahnung, wie viele Frauen es gibt, die sich kaufen lasset! Noch einmal: keine Proschtituierte! Nein, nein, ganz normale Frauen, die unter Umständen einen treusorgenden Ehemann haben, Kinder und so weiter, für die sie ganz und gar sich aufreiben im Leben! Und sich halt sehnen. Manche nur für einen Tag und eine Nacht. Manche für länger. Aber keine für mehr als vierzehn Tag'. Da bin ich eisern. Alles, was mehr wär', wär' von Übel, weil kein Kauf mehr, sondern eine Gewohnheit. Und Gewohnheit tötet, kann ich Ihne' sagen!

(*Peter Schreier tenoriert gerade aus dem Autoradio mit ‚Senti, cor mio, deh! senti:/ guardami un solo istante; ti parla il caro amante/ che vive sol per te'. Leichtes Donnergrollen in der Ferne.*)

Ah, jetzt geht's womöglich gleich los. Und ich probier' mal was, das ist ja zum Mäusemelke' hier, man wird ja wahnsinnig. Halten Sie sich fest! Wir reißen aus!

(*Ist nun völlig und wie wild entschlossen, reißt das Steuer abrupt herum und schert aus dem Stau in einem waghalsigen Manöver aus, prescht durch enge Nebenstraßen zwi-*

schen heruntergekommenen Vorstadtbürgerhäusern, umkurvt fluchend sperrig und falsch geparkte Autos, überfährt skrupellos rote Ampeln und stößt, kaum weitergekommen als insgesamt zweihundert Meter, wieder gegen den Stau auf der Hauptstraße, in den er rücksichtslos hineindrängt und das mit hektischem Gehupe bekräftigt.)

Verreckter Dreck! Alles vergeblich. Tut mir leid, ich hab's probiert. Aber es hat nicht sollen sein. So isch das Läben, so isch der Schtau. Ach, Gott. Und, nur so zwischendurch, schauen Sie! Sehen Sie das Geschmier' dort rechts an der Betonwand kurz vor dem Tunnel, in dem wir dann ja bald vor uns hin schmoren werden? Sehen Sie das Gekringel und das Gesprüh' und Geklecks', das Grelle und Hässliche?

(*Wird sehr ernst. Doziert. Bemüht sich um Hochsprachlichkeit.*)

Also ich fahre ja viel herum und habe deshalb auch viel zu gucken. Und wenn ich an meinem Taxistand länger steh', dann habe ich auch Zeit nachzudenken. Und dann denke ich, bitte um Vergebung, wenn ich Sie mit so was behellige, dass irgendwann, sagen wir in dreitausend Jahren, können Sie sich das vorstellen, irgendwelche verrückte Ärchäologen die Erdschicht so ums Jahr 2000 herum begucken, das wär' also ungefähr unsere Zeit plus minus Pi mal Daumen, dann werden sie ja einen Typ Planetenbewohner ausgraben, den sie, lachen Sie nüt!, wohl als den Wandschmiermenschen klassifizieren mögen.

(*Auf das Wort ‚klassifizieren' ist er sichtlich stolz, er sagt's weniger als dass er's schmunzelt.*)

Denn keine dieser dann womöglich ausgegrabenen Scheiß-Wände von Häusern oder Tunneln oder von was auch immer sind vom Wandschmiermenschen unsigniert geblieben, das heißt: Die Idioten von 2000, werden die Archäologen von 5000 sagen, verstehen Sie mich?, die haben mit wilden Kringeln, großflächig ausgemalten Zeichen, Zacken und Hieroglyphen mit wild entfesseltem Runen-Gesprüh' wohl alles irgendwie unterschrieben, was ihnen vor die Rübe kam. Offenbar hat sie jede Wand förmlich zum Bemalen gezwungen! Als hätten sie, würden die Archäologen sagen, verstehen Sie mich nüt falsch!, das, was nur die Wandschmiermenschen etwas angegangen sei, irgendwas blöd Privates, Verrücktes, Dummes, also ich würde sagen: Dummdreistes, der Öffentlichkeit aufsprühen wollen. Ohne freilich auf Verständigung rechnen zu können. Versteht ja auch keine Sau! Eine Art primitives Stammesritual! Wiewohl der große gesellschaftliche Rest damit verständnislos belästigt worden ist. Und zwart flächendeckend. Der reine Terror! Sprühdiktatur! Jawoll! Und so kommt's mir jetzt schon vor! Aber warte einer auf die Archäologen in dreitausend Jahren! So viel Zeit habe ich nicht.

(*Lacht schallend.*)

Kann man nichts machen. Muss man drüber weg sehen und sich gewöhnen. Haben Sie sich gewöhnt? So? Auch nicht? Gut, der Mann. Aber um auf mein Geld zurückzukommen: Ich leg's nicht in Sprühdosen an, ich leg's in Frauen an.

(*Aus dem Autoradio federt und flegelt Flagellos Bass mit ‚Madamina, il cataloge è questo/ delle belle che amò i padron mio. … In Italia seicentoquaranta …'*)

Und zwar so, dass ich jeden Abend eine hab', beziehungsweise eine immer für höchstens vierzehn Tag'. Aber das wissen Sie ja schon, hatte ich schon erwähnt. Also, wissen Sie, die problematische Liebe, die habe ich längst hinter mir. Nichts als Komplikationen. Nichts als Scherereien. Nichts als Tränen. Und immer die Krämpfe. Und die Kämpfe. Und die Vorwürfe. Und die dauernden ‚Du-hast-mich-nicht-mehr-lieb!'-Erpressungen. Und das Gezetere. Und die Lügen. Und all das. Nicht mit mir, mein Herr, nicht mit mir!

(*Aus dem Autoradio klagt Martina Arroyo im Bruströhrton der Gramverletzten ihr Rezitativ zu silberhellem Cembalo ‚In questa forma dunque/ mi tradi il scellerato! È questo il premio/ che quel barbaro rende all'amor mio?' Der Himmel dunkelt ein. Man spürt, wie ein irgendwann wohl wild werden wollender Wind über die im Stau brütenden Autos erstmal sachte hinwirbelt.*)

Man hängt ja ganz schnell an Dingen, an denen man nicht hängen möcht', und vor allem nicht nur an Dingen, sondern vor allem an Frauen. Nur nie hängen bleiben! Ohne Klebstoff lääben und liiieeben. Das führt zu nix als Schmutz und Schmerz! Ich weiß, wovon ich red'. Ich war zweimal verheiratet. Endloses Gezerre, endlose Streiterei, endloses Gefühlsgewühl, ah, ganget' mir weg mit Marriage! Nix als Schererei! Dabei will ich nur eins: Reinheit, absolute Reinheit, kein' Schmutz, kein Wigelwagel, kein Terror. Ich bin überhaupt der reinste Mann der Welt. Ich will nur das Absolute. Aber das jeden Tag. Oder höchstens vierzehn Tag'. Meine Erste, die Elvi, aber der Name geht Sie ja nix an, also die wollt' mich ganz für sich allein; keine Minut' außer Haus, kein Fuderle frische Luft; eingesperrt war ich; ein Eheknecht. Im unreinsten Beziehungsschmutz. Brrrrr! Meine Zweite, die Anni, aber der Name isch ja wurscht, die wollt' nicht mich, die wollt' nur sich für sich allein, der war ich von Anfang an lästig, dauernd außer Haus, immer nach anderer Luft und andere Männer schnappig; ausgesperrt war ich, ein Ehedepp. Im Beziehungsschmutz. Jetzt aber, mein Herr, ich kann Ihnen sagen: Reinheit, nur noch Reinheit!

(*Der Wind ist stärker und wilder geworden. Er treibt erste Regentropfen vor sich her. Der Donner ist jetzt ganz nah. Der Chauffeur schließt das Schiebedach. Und sofort prasselt das Gewitter richtig los. Blitze zucken. Aus dem Autoradio schmeichelt Fischer-Dieskau ‚Là ci darem la mano,/ là mi dirai di sì./ Vedi, non è lontano:/ partiam, ben mio, da qui.‘*)

Ich bin nämlich – Herrgott in deinem Reich, das schüttet ja jetzt gewaltig! – , also ich bin nämlich nicht nur der reinste, ich bin auch der zärtlichste Mann von der Welt, müsset Sie wissen. Ah, und der Stau löst sich ja allmählich auf. Lueget Sie, wir können gleich weiter! Aber ich kann mir meine Zärtlichkeit auch leischten. Dort, wo Sie jetzt sitze', ist vor vierzehn Tag' eine Frau g'sesse', mittelgroß, mittelhübsch, aber mit suuperguter Figur. Und tiefe, tiefe Auge'. Vor der habe ich gekniet – natürlich nicht richtig. Geht ja auch gar nicht im Auto. Aber innerlich, meine ich. Und da habe ihr gesagt, dass ich zwei Wochen lang nur für sie da sein möcht', ihr jeden Wunsch von den Augen ables', ihr jeden Wunsch auch erfüll', sie auf Händen und alle Kosten trag', aber keinerlei Gefühlszinsen berappen will! Ich würd' mich total auf sie konzentrieren und mich restlos für sie verausgaben. Sie hätte hundertprozentig was von mir. Wenn sie sich hundertprozentig für mich verausgabt. So haben wir beide was von dem Geschäft – das absolut koschtengünschtig ist. Also marktwirtschaftlich wie erotisch lieg' ich da hundertfünfzigprozentig richtig. Das müssen Sie doch zugeben, gell?! Und wisset Sie, wie man sich nicht nur danach, sondern mitten drin schon fühlt? Ungefähr so wie's im fünfundvierzigsten Psalm heißt: ‚Du bist der Schönste von allen Menschen, Anmut ist ausgegossen über deine Lippen'. Ich bin nämlich auch biblisch ziemlich gut drauf, müsset Sie wissen.

(Direkt überm Citroën ein gewaltiger Donnerschlag. Die Scheibenwischer werden der Wassermassen auf der Frontscheibe kaum noch Herr. Aus dem Autoradio Reri Grist und Fischer-Dieskau mit ‚Andiam, andiam, mio bene,/ a ristorar le pene/ d'un innocente amor!')

Ah, jetzt läuft's wieder, od'rr? Also drück' ich mal auf die Tube. Kei' Sorg', wir kommen rechtzeitig, Sie erwischen Ihren Flieger no'! – Also, wo waren wir? Ach ja, bei der mit der tollen Figur, und da haben wir uns beide total auf uns konzentriert. Und es war wunderschön. Super. Frei. Und unbeschwert. Sie wusste nix von mir, und ich wusste nix von ihr. Und beide wollten wir auch überhaupt nix voneinander wissen, also das heißt: persönlich. Also die ganze' Sachen mit: Was hast du gemacht, wo kommst du her, was hast du erlebt, was hast du vor. Völlig wurscht. Wir waret nur ganz aktuell, ganz gege'wärtig miteinand'. Vögelfrei! Aber mit Schampus und Kaviar. Und danach eine munifiziente Gratifikation, gefällt mir ausnehmend, als Formulierung, klingt so vornehm und so witzig, habe ich mal in einer Oper, in der auch gesprochen worden isch, gehört, also eine, hihihi, munifiziente Gratifikation, frisch aus dem Beutel, und dann aber: Aloahee! Adieu! Und die Nächste wartet ja schon. Weswege' ich ja am liebschten Frauen fahr, Sie verstehen?! Wegen dene Gelegenheiten.

Sie sind heute mal eine Ausnahme. Ich mach' mal, hab' ich mir 'dacht, eine Pause. Man wird ja au nüt jünger! Und am Ende, sagt schon Nietzsche, mein Lieblingsphilosoph, aber das hatten wir ja scho', erlebt man nur noch sich selber.

(Lacht schallend.)

Letzthin ist doch tatsächlich, also Sie glaube' nicht, was es für Leut' gibt, für ungehobelte und unverschämte, ist doch also tatsächlich der Bräutigam von einer zarten Blonden, bitte, einer etwas Bäuerlichen, aber zart, trotzdem, sehr, sehr zart, die ich g'rad hab' ausziehen wollen, Stückle um Stückle, Sie verstehen, man will ja au' was haben für sein Moos, ist also deren ihr Bräutigam vor der Tür' gestanden und hat geschellt, was das Zeug hält, hätt' mir fast die Wohnung kaputt geklingelt. Muss rausgekriegt haben, Gott weiß woher, wo sein Schätzel sich gerade mit Gold und Gut aufwiegen lässt. Und hat einen Höllenlärm gemacht. Dabei hat seine Braut bei mir gestrahlt wie tausend Putzlumpe' und hat sich g'freut und war stolz und neugierig vor lauter Glück. Und da wollt' dieser blöde Kerl sich den Spaß erlauben, mir den Spaß zu verderben.

(Aus dem Autoradio tönt Fischer-Dieskau im Quartett mit Nilsson, Arroyo und Schreier ‚Certo moto d'ignoto spavento/ dentro l'alma girare mi sento', und die beiden Männer im Citroën lauschen kurz dem ‚geheimnisvollen Schrecken', den der Wüstling jetzt gerade in seiner Brust spürt.)

Ja, aber nicht mit mir, mein Herr! Nicht mir mir! Ich bin raus. Mit einer Pisswut bin ich da raus! G'rad noch in der Unterhose, war mir aber wurscht. Und hab' den Kerl die Treppe hinunter geworfen. Zackbumm, ratzfatz. Ein

Schlag, ein Schrei, dann war's vorbei. Hoffentlich hat der sich nix broche'! Tät' mir leid um die Kleine, die muss ihn schließlich ja wieder haben und aushalten, anschließend. Na, wird eh nicht weit her sein mit der Liebe zwischen den beiden, ist mir aber wurscht, geht mich nichts an. Sollen sie sich halt prügeln, ja, ja, so à la ‚Batti, batti, o bel Masetto,/ la tua povera Zerlina'.

(*Singt, während man sich im Autoradio noch rezitativmäßig die cembalobegleiteten Dialogbrocken zuwirft, schon mal die Melodie der Zerlinen-Arie voraus und lacht dann höhnisch.*)

Ach, und überhaupt: Männer, Männer, Männer! Lauter eifersüchtige Flaschen. Blöde Tröpfe. Langweiler. Gefühlsdusler. Dabei unfrei und stur. Und dumm, und vernagelt. Leben wie hinter einer Nebelwand in üblem Gedünst. Riecht alles muffig, denen ihre Liebe! Spießer! Bürger! Ah, bah! Wer richtig lieben will, so wie ich, der muss nur eine einzige Rücksicht kennen: die Rücksicht auf sich selbscht. Also auf seinen Genuss. Und sonscht auf gar niemanden, nüt wahr?! Und für den Genuss hat man selbstverständlich zu bezahle'. Großzügig, herrlich, herrschaftlich, freimütig. Aber sonst: rücksichtslos auf alles und alle andere.

(*Die CD in der Autoradio-Anlage beginnt zu jaulen und zu übersteuern. Offenbar hemmt sie ein kleiner Riss, eine Schramme oder ein fetter Fleck. Die Musik wird verhackt zum Tonsalat. Das Gewitter hat sich wieder verstärkt. Donner und Blitz in kurzen Abständen. Es schüttet.*)

Öha! Was isch jetzt au' das? Sauerei, od'rr? Scheiß Technik.

(*Haut mit der rechten Faust, die er kurz vom Lenkrad*

nimmt, auf die Apparatur. Die Musik verstummt in einem schleifenden Stöhnen, Scharren und Jaulen.)

Na, ja, tote Hose. Auch recht. Wo waren wir? Ah ja, bei die Männer. Ich hab' mal ein sehr lustiges, tolles Theaterstück g'sehen. Da ist ein König die Hauptperson g'wesen. Ein toller Typ. Hat das totale Chaos angerichtet. Super. Sehr witzig. Und die haben damals auch die Regieanweisungen mitgespielt, das heißt nicht mitgespielt, sondern aufg'sagt, also nebenher mitlaufen lassen sozusagen; zum Piepen! Und die schönste Regieanweisung hat g'lautet: ‚Richtet sofort ein Blutbad an!' Immer wenn der König aufgetreten ist. Sofort Blutbad! Spitze! Sein Szepter war eine Klobürste, und seine Frau war ein Besen. Herrlich! Aber wieso komm' ich jetzt da drauf? Ah ja, natürlich, wegen der Männer. Gegen alle die Männer, die wo die Frauen, die ich mir gekauft hab' für mein und ihr Glück, unglücklich machen, weil sie keine Ahnung haben von dem, was in ihren Frauen steckt, hätt' es mich schon gelüstet, die Regieanweisung dieses Königs zu verwirklichen – also immer feste drauf auf diese Kerle und sofort ein Blutbad angerichtet.

(*Knurrt grimmig. Strahlt aber dann fratzenhaft übers ganze Gesicht. Der Fahrgast erblickt's staunend und mit Grausen im Rückspiegel.*)

Ja, und einmal wär's mir fast gelungen! Schau ich vom Balkon hinab, bin noch in Pyjamahosen, halbnackt, wollt' nur den Morgen genießen, ein bissle Luft schnappen nach der heißen Liebesnacht. Steht der da drunten und droht mir, schüttelt die Faust gegen mich! Alter Depp. Hätt' auch der Vater von der schönen jungen Lady sein können. Ein Gold- und Bettschatz, sage ich Ihnen! Aber gleichviel.

Wirft einen Stein zu mir herauf, der Wahnsinnige. Hätt' alle möglichen Fenster erwischen können. Hätt' mir grade noch gefehlt. Ich mir den Bademantel überg'worfen, die Treppe runter, den Citroën aufg'schlosse' und dann dem Kerl, der jetzt g'rad weggehumpelt isch, hinterher! Beinah' hätt' ich ihn erwischt – mit dem rechten Kotflügel. Hat Schwein gehabt, hat sich in einen Hauseingang verdrückt. Drecksack, verreckter!

(*Die Musik setzt wie von Geisterhand wieder ein, ist aber weiter gesprungen. Martti Talvela fordert jetzt schon mit Jenseitsbassgewalt ‚Pèntiti'. Fischer-Dieskau höhnt zurück ‚No'. Talvela meißelt wie in Tongestein ‚Ah! tempo più non v'è'. Und dann toben die d-Moll-Feuerfluten, die den Wüstling in die Hölle reißen.*)

So, jetzt sind wir gleich da. Da vorne ist schon der Airport. Wir müssen nur noch über die Fußgängerfurt weg. Wenn uns der Regen nicht vorher wegschwemmt. Welches Terminal? – Ah, ja. Lufthansa. Hoffentlich hat Ihre Maschin' bei dem Wetter nicht allzu viel Verspätung. Ich lasse Sie hier schon aussteigen, Sie haben's da bequemer, gleich da drüben ist Ihre Terminaltür. – Das macht dann insgesamt 120. Brauchen Sie eine Quittung? – Gern. Den wievielten haben wir heute? – Voilà. Bitteschön. Und dann halt bis auf ein ander' Mal. Immer wieder gerne, weil Sie es sind. Und lebe' Sie wohl! Adieu, Monsieur. Und Vorsicht mit der Tür.

(*Der Fahrgast ist dem Taxi entkommen. Die Fußgängerfurt aber wird von einer Anzahl Frauen blockiert. Sie sind von Kopf bis Fuß schwarz verhüllt mit Kapuzen und weiten Capes. Eine von ihnen hat eine lange Sense in der rechten Hand. Sie kommen langsam auf den Citroën zu, den sie am*

Weiterfahren gehindert haben. Der Fahrer kurbelt das Fenster herunter, was ein grober, ja tödlicher Fehler war. Aber womöglich haben ihn die Frauen wie üblich allzu sehr interessiert. Erst ein Blitz. Dann ein gigantischer Donnerschlag. Aus dem Autoradio singen alle in rauchenden Trümmern ‚Questo è il fin di chi fa mal!/ E de' perfidi la morte/ alla vita è sempre ugual.')

Intermezzo IV: Leonce und Lena fahren Zug

Die Bahn hatte wie üblich Verspätung. Bevor der Zug über die Brücke am großen Fluss und dann weiter an einer absurden Kulisse aus Industriebrache und Hochglanzfassaden vorbei in den Hauptbahnhof rollen durfte, immer wieder unterbrochen durch Anfahren, Anhalten, Anzuckeln, Bremsen, musste er kurz vor der Einfahrt noch einmal länger warten. Die Passagiere, allesamt müde, halb noch dösend im Stehen, das Reisegepäck umgehängt oder vor sich her wuchtend, hatten eine lange, nervende ICE-Fahrt hinter sich in überfüllten, muffig dampfenden Käfigen, die sich euphemistisch „Großraumwagen zweiter Klasse“ nennen.

Man wollte jetzt nichts als endlich aussteigen, diesen Albtraum einer ewig sich hinziehenden Reise hinter sich bringen. Also drängte sich alles in den Gängen vor dem Ausgang. Körper an Körper dünsteten schwitzend vor sich hin. Die Klimaanlage hatte längst schon ihren Geist aufgegeben, wenn sie denn je einen besessen haben sollte. Die Spätnachmittagssonne brannte gnadenlos durch die schmutzverklebten Fensterscheiben. Die Stimmung kochte auf einer Quälflamme mit Temperaturgraden von gereizt bis resigniert. Niemand redete groß. Wer etwas zu sagen hatte, tat dies allenfalls halblaut und möglichst ohne viel Luft zu verbrauchen, die sowieso schon zum Schneiden war.

Plötzlich aber erscholl ein schriller, allen Wartenden tief ins Gemüt fahrender Ton, offenbar weiblicher Provenienz: „Fick dich, Leonce!“ Darauf ein noch schrillerer, aber männlich anmutender Gegenton: „Fick dich selber, Lena!“ Das wenige Gemurmel ringsum erstarb jetzt vollends. Suchende, stumm fragende Köpfe drehten sich zu den beiden Schrillen. Kenner deutscher Komödien, das mochten hier freilich nicht allzu viele gewesen sein, konnten es kaum fassen: Georg Büchners Königskinder, die zueinander kommen müssen, weil sie nicht zueinander kommen wollen – in die Bahn geworfen!

Man identifizierte endlich zwei ungeheuer dicke, monströse, wiewohl rosig aufgeschwemmte Menschenwesen. Sie hätten gerade eben sich ins Teenageralter hineingefressen, aber auch schon die Zwanzig knapp hinter sich gebracht haben können. Irgendwelche Konturen, an denen man hätte erkennen dürfen, wer von den beiden Männlein oder Weiblein war, konnten schwer ausgemacht werden, weil Sie wie Er vollkommen eingewulstet sich darboten. Zwei merkwürdige geschlechtslos wirkende mächtige Gedunsene mit jeweils langem fettig wallendem Haar.

Lena, das Wesen, das näher zur Toilettentür stand als sein Pendant, klärte dann aufjaulend erstens die Lage und also zweitens auch über sich auf: „Du hast mir an den Busen gegrapscht, Leonce! Du hast mich sexuell belästigt. Ich habe hier jede Menge Zeugen!“ Den Zeugen wäre es ohnehin schwer gefallen, Lenas Busen zu identifizieren inmitten der Masse gebirgiger Wülste, die ihren Körper umwölbten. Leonce jedoch schüttelte das Unheil, das die Umstehenden auf sich und die beiden Königskinder zukommen sahen, mit einem einzigen Wörtlein ab: „Rechtsanwalt!" Er schrie, dass er diesem die Sache übergeben werde, heute noch. Denn auch er habe jede Menge Zeugen, dass er sie nicht an den Busen gegrapscht habe.

Worauf ihn Lena mit einem Schwall von Wörtern eindeckte, die direkt aus der Sphäre hinter der Toilettentür, in deren Nähe ja die beiden sich lümmelnd beharkten, hervorzusprudeln schienen. Und der gute Leonce blieb ihr in Sachen Wortschatz nichts schuldig. Die Wartenden sehnten jetzt nun noch dringender die Einfahrt des ICE in den Hauptbahnhof herbei, nachdem sie unfreiwillig zu Zeugen dieses Dialogs wurden zwischen Wohlstandskinderprinz und Wohlstandskinderprinzessin, die sich augen- und wortscheinlich nur noch im Königreich Pipi und Popo wohlfühlten.

Büchners Königskinder, zwar in die Bahn geworfen – aber mit Rechtschutzversicherung! Mittlerweile zuckelte der Zug kreischend in den Hauptbahnhof hinein. Man drängte zu den Türen. Nichts wie raus hier! Luft!

Ein Heiligenleben

Schon als er zur Welt kam, war es um ihn geschehen. Denn seine Eltern tauften ihn Chrysostomus. Und das taten sie nicht umsonst. Aloys und Josepha Weber nämlich, leicht bigotte Kleingewerbetreibende, die einen gemischten und also chaotischen und deswegen auch nicht sonderlich viel abwerfenden Knopf-, Wolle- und Schreibwarenladen unterhielten, der im zugigen Oberstock einer alten, baufälligen, längst aufgegebenen Spindelfabrik residierte, waren große Liebhaber und Verehrer des Heiligen aus Antiochia. Dieser Chrysostomus war ein großer Redner. Womöglich erhofften sich die auch schon in die Jahre gekommenen Webers für ihren Erstgeborenen, dem keine weiteren Kinder mehr folgten, durchaus eine Laufbahn als Zungenfertiger – und das Fach, in dem er als solcher reüssieren mochte, wenn Gott wollte, lag ja auch nahe. Denn der sakrale Rhetor, der eine klassische Ausbildung genossen hatte und den die antiken staatsreligiösen Instanzen weniger überreden, mehr dazu zwingen mussten, Bischof zu werden, las am Ende des vierten Jahrhunderts nach Christus der Welt und dem byzantinischen Erdkreis als asketischer Patriarch und Hofprediger des Kaisers Arkadius und seiner intriganten dekadenten wohllebensgeilen Kaiserin Eudoxia in Konstantinopel die Fasten- und Entbehrungsleviten. Kann gut sein, dass die Webers mit ihrer Namenswahl auf einen künftigen machtvollen Missionar und Weltverbesserer spekulierten.

Es könnte aber sein, dass sie dabei etwas übersahen. Kann aber auch sein, dass sie ihrem Sohn die entsprechenden Leiden eines Zungenfertigen zutrauten. Denn Chrysostomus zog in seiner von heiligen Zorneskaskaden befeuerten Rhetorik auf eine Weise frohgestimmt, ungeniert und brutal vom Leder, ganz ohne Rücksicht auf Etikette und Verluste, so dass man den Unbequemen zweimal verbannte und davonjagte. Zu seinen Misshelligkeiten kam hinzu, dass der Bedürfnislose sein ganzes Salär den reichlich vorhandenen Proletariern und Armen der Weltstadt hinwarf. Was der arroganten oströmischen Hautevolée ein großes Ärgernis war. Man trieb ihn, der es immer wieder schaffte, dass man ihn für kurze Zeit zurückholte, aber dann wieder frisch und frei in jedes erreichbare imperial-byzantinische Fettnäpfchen trat, kurzerhand in allerlei Wüsten hinaus oder wies ihm unwirtliche, feuchtkalte Fischernester am Schwarzen Meer als Exilbehausungen zu. Immer unter beschämender Polizei- und Militärbegleitung. Und wenn der älter und schwächer gewordene arme Mann nicht mehr weiter wollte oder konnte, setzte es Prügel und Hiebe von eben dieser Begleitung. Und das wohl nicht zu knapp. Die letzte Verbannung überlebte er nicht. So wurde er zum Helden und Heiligen.

Am 27. Januar, der ja bekanntlich auch der Geburtstag des Wolfgang Amadé Mozart ist, eines ganz besonderen Heiligen, wenn nicht Göttlichen, problemlos verehrt von aller Welt, feiert die unmusikalische Christenheit, soweit sie sich überhaupt noch um asketische Heilige schert, das Andenken des Unbeugsamen. Dass dieser vor seinem

Chrysostomus eigentlich noch den Johannes als ersten Namen führte, nahmen die Webers zwischen ihren Wollebündeln und Knopfschachteln und den Regalen mit den Schulheften nicht wahr. Oder übersahen es geflissentlich. Ein Johannes nämlich, dessen abgeschlagenem Kopf eine schleierlos verruchte Salome noch sexuelles Interesse entgegenbrachte, wäre ihnen wohl zu fragwürdig vorgekommen. So dass dem Kind gar nichts anderes übrig blieb, als sich von Anfang an ziemlich abgehoben syrisch-griechisch rufen zu lassen, was in Verbindung mit dem doch sehr ungehobenen, erdhaften Nachnamen Weber eine ungute Sache war. Gut nur für Spott und Hohn.

Chrysostomus Weber war ein zartes, schmales Kind. Begabt mit einem freundlichen Gesicht, dem auch die streng gescheitelten Haare, die ihm die Mutter wie mit dem Lineal gerichtet frisierte, nichts von seiner Aura nahmen, ja diese Aura noch steigerten. Denn auf seinem Antlitz drückte sich schon früh seine Fähigkeit aus, einerseits unsagbar traurig zu dulden und hinzunehmen, andererseits unsagbar leuchtend zu strahlen. Was wohl an der dunkeltiefen Sanftmut seiner samtig umwimperten Augen lag. Schon dem kleinen Chrysostomus Weber ging jede Art von Härte ab. Er war die Weichheit und Nachgiebigkeit in Person. Und enttäuschte insofern durchaus die Hoffnung auf Widerspenstigkeit und -borstigkeit, die seinen heiligen Namensgeber der Legende nach auszeichneten, wenn denn seine Eltern diese spezielle Hoffnung überhaupt gehegt haben sollten.

Kaum dass das Kind Chrysostomus die mit schmiedeeisernem Rankenwerk verzierte und bewehrte windschiefe Glastür der alten Spindelfabrik, in der seine Eltern hausten, an einem ganz gewöhnlichen Tag hinter sich ins Schloss fallen ließ und so schüchtern die Straße betrat, als wolle er sie auf keinen Fall mit seinen Schritten groß behelligen, brandete ihm sofort Aufmerksamkeit entgegen. Die Gassenjungen vom nahen Hindenburgplatz, Söhne und Enkel von Arbeitern und auch Arbeitslosen, die Alfred (alias Freddy) oder Karl (alias Charly) oder Günther (alias Günni) oder Hans (alias Joe) gerufen wurden, schossen sozusagen im Chor vergiftete Wortpfeile auf Chrysostomus ab. Sie gingen im Hohngebrüll meist als „Chrissi-Schissi" auf ihn nieder. An besonders argen und gemeinen Tagen auch als „Sosto-Arscho". Und weil er nicht zurückschrie und sich nicht wehrte, nur scheu lächelte, als setze ihn diese Ungezogenheit und Brutalität in ein grenzenloses Erstaunen, weil er ja seinen Namen nun einmal hatte und nicht begriff, was daran schlimm sein sollte und er auch nichts an ihm ändern konnte, gingen die Wortpfeile der Gassenjungen, die sich durch die Sanftmut des Angegriffenen erst recht provoziert fühlten, in handfeste Schläge über. Manchmal wurden Giftworte und Schläge noch begleitet von Dreckklumpen aus Straßenkot. Auch diese grundlos auf ihn einprasselnden Boxhiebe, Fußtritte, Ohrfeigen und Schmutzbatzen der struppigen minderjährigen Bengel, die nach den gestohlenen Zigaretten und dem billigen Fusel stanken, die sie hinter den Bretterverschlägen in den Kellern ihrer Mietskasernen verbotenerweise konsumierten, nahm er wehrlos und mit einem Lächeln hin, in das die Tränen dann zwar einschossen, es aber nie ganz von seinem Gesicht waschen konnten. Er blieb selbst in Schmerz und Pein ein großer Lächler.

Als einmal sein Vater, der immer aussah, als sei er nie

jung und immer schon aschfahl und grau gewesen und auch stets alte schwarze Anzüge trug, seinem Sohn zu Hilfe eilen wollte, indem er mit kleinen, trippelnden Schritten aus der Glastür kam und dem juvenilen Pöbel vom Hindenburgplatz sich entgegenstellte und die Jungen ganz ruhig und betont friedfertig fragte: „Was hat mein Chrysostomus euch denn getan? Warum lasst ihr ihn nicht in Ruhe?“, erntete Aloys Weber nur ein höhnisches und freches Gelächter. Und zudem einen Dreckbatzen, der aus dem Hintergrund von einem der Bengel auf ihn geschleudert wurde, ihn aber nicht traf, sondern knapp vor seinen schwarzen, auf Hochglanz gewichsten Schnürstiefeln auf den Straßenboden klatschte. Und Chrysostomus entdeckte, dass sein Vater machtlos und wehrlos war. Es war die folgenschwerste Entdeckung seines Lebens. Und sie griff mit Eisesfingern an sein kleines, scheues Herz, das sie leicht zusammenpresste und ihm beibrachte: Dass er niemanden hatte, der etwas gegen die Welt, die jenseits der Glastür lag, ausrichten konnte. Dass er ohne Schutz war. Nicht aber, dass er seinen Vater deshalb verachtet hätte. Er tat ihm einfach leid. Denn der Vater war ja auch ohne Schutz. So dass der Junge um ihrer beider Schutzlosigkeit Angst haben musste.

Es waren nun die Frauen, die das Heft in die Hand nahmen. Josepha Weber, geborene Sörgel, die Mutter des kleinen Chrysostomus, und Antonia Sörgel, seine Großmutter. Sie nahmen das Heft dergestalt in die Hand, dass sie entschieden, dass Chrysostomus von nun an die Straße ohne ihre Begleitung nicht mehr betreten und auf gar keinen Fall sich „mit diesen schmutzigen Jungen“ gemein machen solle, schon gar nicht als deren Opfer. Die Großmutter, die auf der Weberschen oberen Fabriketage ein eigenes kleines Appartement sich eingerichtet hatte, trug wie ihre Tochter jahraus, jahrein lange dunkelblaue, eng anliegende weich fallende Kleider, die sie um den Hals mit einem Spitzenkragen abschloss. Das machte einen grandiosen altmodischen Eindruck, der nicht nur bei den derben und grellen Bewohnerinnen des Hindenburgplatzes Anlass zu galliger, ordinärer verbaler Aggression „gegen die Weiber da oben" bot, wobei das „oben" sich sowohl auf die Wohnsituation der Webers wie auf ihre vermutete Vornehmheit bezog, die sich allein schon in der Namenswahl für ihren Sohn als Übergeschnapptheit zu manifestieren schien, gegen die von den Gassenbuben auch in den Augen ihrer Mütter völlig zurecht mit Schmäh- und Spott- und Dreckbatzenfeldzügen opponiert wurde.

Selbst die feineren Damen der bürgerlicheren Familien weiter weg im Stadtviertel, mit denen die Webers in losem geschäftlichen Kontakt standen, wenn es um Wolle, Knöpfe oder Schulhefte ging, fanden Mutter und Tochter etwas naserümpfend ziemlich aus der gesellschaftlichen und modischen Art geschlagen. So dass die beiden aus der Ferne erstens wie Schwestern und zweitens wie aus allen Zeiten gefallene Erscheinungen auf ihre Umwelt wirkten, als gehörten sie als Ordensfrauen einer seltsamen Sekte an, die sich jeder Gegenwärtigkeit verweigerte. Und da sie zudem vornehmlich vegetarisch kochten, lag über der Weberschen Wohnung, die zugleich auch die Verkaufsräume für Knöpfe, Wolle und Schreibwaren bildete, stets ein säuerlicher Dauergeruch von Kohl, Zwiebeln und Sellerie. Was dem Verkauf des Warenbestandes keinesfalls förderlich war, weil es die Kunden kaum zu längerem Verweilen und Aussuchen einlud und den Eindruck des Absonderlichen noch verstärkte.

Dieses kleine, fest umschlossene Ensemble aus Vaterschwäche, Frauenzeitlosigkeit und Gemüsegestank bildete von nun an die Welt, die Chrysostomus bildete – und die er bildete. Weil er sie zu beherrschen lernte. Seine Kontakte mit der Außenwelt, zum Beispiel in Form von Schulbesuchen, fanden stets unterm Begleitschutz der Großmutter oder der Mutter statt. Sie brachten ihn morgens zur Schule und bewachten und beschirmten seinen Weg. Und mittags holten sie ihn von dort wieder ab. Abgesehen davon, dass er der einen oder anderen Pausenprügelei aus dem Weg zu gehen und sich dann einfach in eine stille Ecke zu verdrücken hatte, im übrigen aber schnell und leicht lernte, kam er gut voran; den Übergang in eine höhere Lehranstalt schaffte er ebenfalls mühelos, wurde aber auch ins Gymnasium mütterlicher- beziehungsweise großmütterlichseits jeweils hin und wieder nach Hause eskortiert.

Hinter der alten, aufgelassenen Spindelfabrik lag eine feuchte Wiese, deren Rand ein kleiner Bach bildete, der bei Unwettern über die Ufer trat und an dessen Ufern Weidenbüsche wuchsen. Die Webers hatten der sumpfigen Wiese ein Stück Garten abgetrotzt, in dem sie nur wenige Blumen, aber etliches Gemüse zogen. Und dort hatte auch Chrysostomus sein Außenreich. Ihm gehörte, was über der Erde, den Eltern, was in der Erde wuchs. Er baute in den Beeten, die ihm zustanden, vor allem Hirse und Stangenbohnen an. Die Pflanzen reihte er streng. Er richtete sie aus. Die Abstände zwischen ihnen wurden zentimetergenau festgelegt und vermessen. Nach Zucht und Ordnung. Und so näherte sich Chrysostomus dem Heiligen ein bisschen an, in dessen Namen er getauft worden war, und der die Jahre, bevor man ihn zwang, Bischof zu werden, als Eremit in der Einsamkeit verbrachte. Denn auch unser Chrysostomus zeigte immer stärker asketische Züge. Er entschied, dass er sich fortan von den Körnern und den Früchten und Kernen, die seine Gemüsepflanzen im Garten hergaben, allein ernähren wolle. Zu jeder Mahlzeit verrührte er aus Hirsekörnern und Bohnen und Wasser einen mampfgrünen kalten Brei, den er allenfalls mit ein paar Sonnenblumenkernen zu veredeln und zu würzen sich gestattete. Wozu er nur Wasser trank, das die Mutter von einer Quelle holen musste, die auf dem sogenannten Kalvarienberg sprudelte.

Dieser Kalvarienberg war eine felsgrundige, aber waldbestandene Anhöhe, am westlichen Rand der Stadt gelegen. Von hohen Kastanien- und Ahornbäumen überwölbt, zog sich ein mit Kopfsteinen nur grob und stolpergefährdend gepflasterter Weg bergauf. Ihn säumten kleine barock geformte offene Kapellen, in denen lebensgroß geschnitzte Holzfiguren die Stationen des Kreuzwegs Christi wie in einem großen Schmerzenstheater darstellten. Die römischen Schergen mit bös bleckenden, hohnvollen Fratzen, der Heiland mit Dornenkrone und im Lendenschurz in blutüberströmter Demut. Die Juden in intriganter Selbstgerechtigkeit. Oben, auf einem kleinen Felsvorsprung, dann die plastische Kreuzigungsgruppe mit linkem und rechtem Schächer und dem gemarterten Jesus in der Mitte, natürlich überlebensgroß. Links davon eine aus dem Fels herausgehauene oder auch in den Fels hinein getriebene Kirche.

Überhaupt hat die ganze Szenerie etwas Grottiges, Katakombenhaftes, Geheimdumpfes. Denn überall in der Kirche wie an ihrer felsigen Außenfront hängen kleine Beine und Arme und Köpfe und andere Gliedmaßen, aus Wachs geformt, versehen mit kleinen Schildchen, auf denen allen möglichen Heiligen, vornehmlich aber der Gottesmutter für Heilung von Brüchen und Tumoren und Rettung aus Unfallnot gedankt wird. Das siebzehnte Jahrhundert hat hier seine gegenreformatorischen Meißel und Pinsel angesetzt und mit grellen Farben nicht gegeizt. Und zwischen zwei Kreuzwegsstationskapellen sprudelt die heilige, wundertätige Kalvarienquelle (jedenfalls für diejenigen, die daran glauben). Und dahin hatte die Mutter des Chrysostomus zweimal die Woche zu pilgern, um ihrem Kind in zwei großen blechernen Milchkannen das gewünschte heilige Wasser zu beschaffen.

Da Chrysostomus Weber der Außenwelt weitestgehend entzogen und von seinen fürsorglichen Erziehungsberechtigten sozusagen in die Innenwelt der oberen Fabriketage und des Gartens hinein verbannt worden war, kam es dazu, dass die Fürsorge und Abschottungsliebe von Vater, Mutter und Großmutter, die ja nur das Beste für den Jungen wollte, von diesem eben auch auf das Beste erwidert wurde. Er gab sie hundertprozentig zurück. Dadurch, dass er seinerseits eine Fürsorge und Liebe entwickelte, die nun wieder für Vater, Mutter und Großmutter auch nur das Beste wollte. Und das hieß bei ihm, dass er wie bei seinen Pflanzen diese Menschen ordnete und richtete und ausmaß.

Auch in dieser Hinsicht kam er dem Heiligen, in dessen Namen er getauft war, durchaus nahe. Er las seiner Familie natürlich nicht die Leviten, wie sie der heilige Johannes Chrysostomus dem byzantinischen Kaiserpaar und der korrupten Hofgesellschaft einst vor Augen und Ohren hielt. Dazu waren die Webers viel zu wenig reich, viel zu wenig wohllebig und viel zu wenig verdorben. Aber er hielt sie in der Zucht einer Religion und eines Glaubens, den er im Fimmel und Himmel einer absoluten Ordnung für sich entdeckt hatte.

Er legte zum Beispiel auf die Sekunde genau fest, wie lange die ohnehin karg bestückten Mahlzeiten morgens, mittags und abends dauern durften. Und da er in einer Abstellkammer der alten Spindelfabrik ein altes, dunkles, zwar holzwurmdurchfressenes, aber immer noch ansehnliches Kruzifix aufgestöbert hatte und nicht ruhte, bis es an der Wand gegenüber dem Esstisch seinen Platz fand, wurden die körnerdominierten pampigen Mahlzeiten für ihn vollends zu lästigen Dreingaben für die großen, hehren Bitt-, Dank- und auch Bußgebete, die unterm Kreuz zu entrichten waren. Und deren Länge und Art allein er bestimmte. Sein Vater, den er erlebt hatte, wie er den Gassenbuben wehrlos begegnete, konnte seinem Buben auch nichts entgegensetzen, der eben hier auch eine Art Angriff und Aggression vollzog: auf alles, was ihm nicht wesentlich erschien. Und wogegen der Vater nichts haben konnte. Zumal eine Neigung zur Bigotterie der Familie ja durchaus eigen war. Ganz zu schweigen davon, dass an Heiligabend und in der Nacht vor Ostern Chrysostomus noch auf den Knien vor dem Tisch laut und innig und unterbrochen nur vom angelegentlichen Schlagen des Kreuzeszeichens betete und psalmodierte, während dem Vater, der Mutter und der Großmutter längst die Augen zufielen.

Was Chrysostomus aber nicht tadelte, sondern sanft belächelte und überhaupt allezeit ein Strahlen und Leuchten in seinem Gesicht nie ausknipste. Er war der sanfteste und frömmste Haustyrannenheilige, der sich denken lässt. „Ist er nicht ein wahres Engelchen?!", schwärmten die Frauen.

Als er in die Jahre kam, in denen seine Alters- und Jahrgangsgenossen, speziell aber die Angehörigen der juvenilen Pöbeleska vom Hindenburgplatz mit Mädchen erste grobe sexuelle Versuche anstellten oder wenigstens in einsamen nächtlichen Pollutionen schaudernd schwelgten, also kurz: voll und ganz mit Pubertieren beschäftigt waren und sich auch schon mal den einen oder anderen Vollrausch ansoffen, wenn sie nicht gerade auf ihren frisierten Mopeds durch die Gegend knatterten, Kette rauchten und sich als Rocker-Gang vorkamen – wandte sich Chrysostomus der transzendentalen Meditation zu. Für die er zwar wegen ihrer fernöstlichen buddhistischen, also heidnischen Provenienz den katholischen Heiland am Kreuz überm Wohnzimmertisch auf Knien um Vergebung und Nachsicht anflehte, die ihm aber eine Sensation versprach, nach der er förmlich gierte: nämlich fliegen zu können. Was auch in der Natur seines frauenbeglaubigten engelischen Rufs und seiner daraus abgeleiteten engelhaften Berufung lag und seinem Streben nach Höherem sehr entgegenkam.

Man sah ihn häufig auf einer Steinplatte im Garten sitzen. Die Beine untereinander kreuzweis geschlagen. Die Augen starr in endlose Fernen gerichtet. Das Gesicht erleuchtet. Die Miene ganz entspannt. Die Hände aufrecht vor der Brust mit den Flächen gegeneinander gepresst. Denen, die ihn sitzen sahen und nicht mitbekamen, dass er sich zwischenzeitlich in die Luft erhoben und dort als Sitzfigur geschwebt war, berichtete er von seinen Flügen als allerschönsten Erlebnissen. Seine Eltern unterstützten ihn in dieser Sichtweise. Schon aus Selbstachtung. Hatte doch der Vater ein Sparbuch, von dem er eigentlich immer glaubte, es berge den Notgroschen der Familie, leerzuräumen gehabt, um seinem Sohn die Fahrt zu einem Kurs in transzendentaler Flugkunst im Schweizerischen Davos zu finanzieren. Mutter und Großmutter hatten ihn auf der langen Zugfahrt begleitet, wie sie das schon von den Schulgängen ihres Chrysostomus her gewohnt waren. Das Hotel war teuer, die Kursgebühr, die einem graubärtigen, dauerlächelnden und dauerkassierenden Yogi-Meister zufloss, war horrend. „Sonst hilft sie nicht", wie der Yogi selig sanftlaunig verkündete, „Geld will fliegen, Flug will Geld. Ommmmm!"

Chrysostomus war mit einem Dutzend anderer Adepten so lange in Anbetungs- und Demutshaltung vor dem Transzendenz-Meister in einem Seminarraum des ersten Hotels am Platze gesessen, bis es ihnen allen so war, als flögen sie wirklich. Was sie zu Ausrufen glücklichsten, orgiastischsten Erstaunens ermunterte und ihnen eine Zufriedenheit bescherte, die ihnen auch bei ihren häuslichen Flug- und Schwebe-Übungen sozusagen als schon einmal eingezahltes Kapital Zinsen bringen sollte. Und da der Schweiz-Ausflug des auffluggierigen Chrysostomus finanziell insgesamt in die Zehntausende ging (Omas und Mutters Hotelkosten noch nicht eingerechnet), wäre es nicht opportun gewesen, an dem aeronautischen Erfolg des metaphysischen Kurses irgend zu zweifeln. So dass die Flugversuche des Jungen im Garten hinter der Spindelfabrik auf ein beifälliges und zustimmendes Echo der Eltern stießen. „Ah, schau, jetzt fliegt er gerade wieder!“, raunten sich Vater und Mutter zu. Und Großmutter nickte zustimmend. Und alle lächelten. Und fühlten sich mit erhoben. Und sahen einen Engel durch den Garten schweben.

Es kam nun aber die Zeit, dass Chrysostomus eine Fakultät zu wählen und also ein Berufsziel ins Auge zu fassen hatte. Und da er in langen Nächten auf bloßen Knien vor dem Heiland gelegen war, der überm Esszimmertisch an sein Kreuz genagelt geduldig auf eine Entscheidung wartete, und Chrysostomus seine heidnischen transzendentalen meditativen Flugversuche nicht eingestellt, sondern sie bußfertig und reuig zu Auf- und Höhenflügen ins Jesusmäßige eigentlich nur umgemodelt hatte (er schwebte seit neuestem eben ums Kreuz herum), wählte er schließlich und endlich die theologische Fakultät.

Er absolvierte das Studium der Gottesgelehrtheit in der vorgeschriebenen Zeit, trat aber nicht in ein Priesterseminar ein. Ihm war nicht nach Pfarrer. Ihm war mehr nach Missionar. Also nach Lehrer. Nach bestandenem Staatsexamen wollte er viele kleine Chrysostomusse nun weniger zeugen als erzeugen und bilden, was ihm am ehesten mit den Lern- und Machtmitteln der Schule möglich schien. Schon während seines Studiums, bei dem ihn Mutter und Großmutter natürlich auch begleiteten, ihm den Studentenhaushalt führten, ihn zu den Seminaren brachten und ihn auch von dort wieder abholten, während der Vater zu Hause den kleinen Laden führte und sich seine Kohlsuppen selbst zubereiten musste, hatten die Professoren dem stud. theol. Chrysostomus Weber bescheinigt, dass seine Art, die theologische Wissenschaft zu betreiben, „vom akademisch und kirchlich Üblichen etwas abweicht“. Was in vornehm warnender Umschreibung nichts anderes bedeutete, als dass sein Hang zu transzendentalen Flugübungen, und wären sie noch so jesuszentriert, als nicht nur unwissenschaftliche, sondern als fast schon wahnhafte Schwärmerei wahrgenommen wurde. In welcher er aber andererseits von Mama und Oma bestärkt wurde.

Da er zudem in den Seminarräumen der Universität Privatgottesdienste abhielt, in denen er mit ein paar Anhängern, die er mit seiner sanften, leuchtenden Art begeistert hatte, für alle Arten von Kranken inbrünstig zu beten beabsichtigte und dies mit der feierlich verkündeten und auch auf ausgehängten Zetteln gedruckten Absicht, durch dieses Inbrunstgebet in direktem Kontakt mit wirkmächtigen Engeln auch weit entfernt weilende Kranke von ihren Leiden, an denen die Fachmediziner verzweifelt seien, völlig zu heilen, bekam Chrysostomus ernsthafte Schwierigkeiten mit dem Dekan der Fakultutät. Der es auch nicht dulden wollte, dass „diese unbiblischen Weiber“ (gemeint waren Oma und Mama) bei diesen Gottesdiensten die Seminarräume mit Kerzen bestückten, wobei sie einmal beinahe einen Papierkorb in Brand gesetzt hätten. Da Chrysostomus aber sein sanftes, geduldiges und alles fromm erduldendes Leuchten und Lächeln im Gesicht behielt, selbst als ihm vom Allgewaltigen ernsthafteste Vorhaltungen gemacht wurden („Bitte, wir sind hier schon alle ziemlich katholisch, verschonen Sie uns also mit diesem Humbug!“), hatte er sich seinen Ruf als „Gottesnarr" oder auch als „Narr in Christo" von nun an redlich und sozusagen amtlich bestätigt erworben.

In den Examina freilich nahm er sich zusammen und bot das „akademisch und kirchlich Übliche", also Sach- und Fachgebotene in angemessener Form, auch wenn er tief innerlich ganz anders fühlte und dachte und sich heimlich bei allen seinen jesuanischen Transzendenzfluggeistern für seine heuchlerische List entschuldigte, die für sein Weiterkommen eben notwendig gewesen sei. Und so kam es, dass Chrysostomus eines Tages wirklich und wahrhaftig vor einer Schulklasse stand. Ein ganzes geschlagenes Jahr lang.

Kurz darauf bescheinigten ihm die Fachärzte der kircheneigenen Psychiatrischen Klinik „Zum Herzen Jesu" (mit angeschlossenem Sanatorium) zwar eine fast schon überirdische Sanftmut und deshalb auch eine absolute Ungefährlichkeit, eine Entlassung in naher Zeit aber wurde abgelehnt. Und an eine Wiederaufnahme seiner staatlichen Lehrtätigkeit sei ja überhaupt nicht mehr zu denken. Denn der Studienassessor Chrysostomus Weber hatte seinen Schülern, die sich naturgemäß über seinen Vornamen vor unterdrücktem Lachen und Höhnen kaum halten konnten, was ihr frommer Lehrer aber nur mit seinem hinreißenden Sanftmutslächeln quittierte, nicht nur zu den großen Pausen seinen bevorzugten Brei aus Körnern und Bohnen samt dem dazu passenden heiligen Wasser aus der Kalvarienbergquelle in größeren Plastikbehältern zur allgefälligen Bedienung und Verkostung mitgebracht. Was die Schüler und deren Eltern noch als Spleen hinnahmen, gegen den allerdings die Schulleitung schon aus Hygienegründen energisch einschritt. Assessor Weber hielt die zum Religionsunterricht angetretene Jugend aber auch dazu an, sich in der wahren Nachfolge Christi mindestens einmal am Tag – in Analogie zur Dornenkrone des Gekreuzigten – mit einem spitzen Gegenstand die Kopfhaut zu ritzen. Als er den Kindern dazu noch empfahl, es als kommende und werdende Engel ihm gleichzutun, ganz lange stillzusitzen, tief in sich hineinzuhorchen, sich zu konzentrieren und dann sitzend schwebend einmal um den Gekreuzigten herumzufliegen, wurde der Ruf erst nach der Justiz, dann nach der Zwangsjacke überlaut. Die Kirche entzog ihm die Missio canonica, das Schulamt die Lehrerlaubnis. Die Psychiatrie übernahm ihn.

Die kircheneigene Klinik wollte ihn auch deshalb in absehbarer Zeit nicht entlassen, weil sie von der Anwesenheit Chrysostomus Webers sehr profitierte. Denn seine Mutter und Großmutter waren mit ihm in die Anstalt gezogen und belegten dort die Zimmer neben dem seinen auf eigene Kosten. Was die kaufmännische Leitung des Hauses schon einmal sehr freute. Und die übrigen Insassen hatten gegen diesen Dreibund auch nichts einzuwenden, zumal die beiden Damen sich in der Pflege nicht nur ihres Sohnes und Enkels, sondern auch in der geduldigen Fütterung und Windelung anderer Patienten, vor allem der schwer bettlägrigen und bewegungsbehinderten Geisteskranken hervortaten. Währenddessen schlurfte Vater Weber im ersten Stock der aufgelassenen alten Spindelfabrik durch die verlassenen und verstaubten Räume seines Knopf-, Wolle- und Schreibwarenladens, die kaum noch jemand aufsuchte. Und vergaß langsam nicht nur seine Familie, sondern auch sich selbst. Niemand wunderte sich, dass er eines Tages ebenfalls in ein Zimmer auf dem Flur eingewiesen wurde, in dem „Zum Herzen Jesu" schon Frau, Schwiegermutter und Sohn hausten.

Nicht nur den feinsinnigen Ärzten des Hauses, sondern auch den kraftvollen Pflegern, die sich zum Teil aus der ungeschlachten Truppe der einstigen Gassenbuben vom Hindenburgplatz rekrutierten, galten die vier als heilige Familie. Erst schwang in dieser Bezeichnung noch etlicher Spott mit, dann aber floss im Lauf der Zeit selbst in den rohen Hirnen der Pfleger immer mehr das in sie hinein, was man durchaus als Ehrfurcht oder wenigstens als Respekt deuten konnte. Und immer wenn Chrysostomus in der geräumigen Empfangshalle „Zum Herzen Jesu" sich mit untergeschlagenen Beinen und in betender Handhaltung auf einen breiten Fauteuil setzte, nachdem er vorher jeweils angekündigt hatte, dass er jetzt wieder einmal fliegen wolle, standen die Irren wie auch manche fachmedizinische Angestellte dabei, schauten ihm zu – und applaudierten. Und die meisten hätten danach schwören können, ihn wirklich fliegen gesehen zu haben.

Als nach ein paar Jahren die Großmutter starb, bald gefolgt von ihrer Tochter und dem Schwiegersohn, blieb Chrysostomus übrig. Und lächelte. Und war sanft. Und hielt aus und durch. Der ärztliche Direktor „Zum Herzen Jesu" pflegte auf internationalen Kongressen gegenüber seinen Kollegen aus anderen Anstalten nur halb im Scherz zu renommieren: „Ihr mögt einen Napoleon, einen Hitler oder einen Cäsar in euren Reihen haben – wir aber haben einen Heiligen. Aber keinen gewöhnlichen. Unserer kann fliegen."

Intermezzo V: Objektiv

Man hätte ihn für verrückt halten können. Außer aber dass er ziemlich klein und gedrungen, ja massig war und sein Kopf im Verhältnis zum übrigen Körper etwas überdimensioniert wirkte, fiel einzig an ihm auf, dass er den lieben, langen Tag eine Kamera mit riesigen Objektiv umhängen hatte. Sie baumelte vor seinem gewaltigen Bauch. Von seinem runden, fleischigen, vor Fröhlichkeit schier platzen wollenden Gesicht verschwand in jenen Tagen, in denen sich diese Geschichte ereignete, nie ein Strahlen, das sich naturgemäß hauptsächlich in seinen Augen eingenistet zu haben schien und ihnen ein immerwährendes Glitzern und Funkeln spendierte, als hätte sich da ein Grinseteufel diabolisch verewigt und eine Dämonie der Gemütlichkeit eine Dauerorgie gefeiert.

Die Augen waren das Wichtigste an ihm. Denn zum Schauen allein war seine ganze Existenz offenbar bestellt. Es war nicht bekannt, wo er wohnte und ob er überhaupt ein festes Zuhause hatte. Was auch keine Rolle spielte. Denn er war unaufhörlich unterwegs. Er wanderte. Gleichgültig ob in Hitze oder Kälte, in Regen oder Schneegestöber, zog er durch die Stadt. Manche meinten, er schlafe nie und sei auch nachts zugange. Das war sein Beruf oder besser gesagt: seine Berufung. Er war in öffentlicher Mission unterwegs. Er fotografierte Misslichkeiten.

Sünden. Vergehen. Ordnungswidrigkeiten. Verbrechen. Skandale. Unerhörte Begebenheiten, ja Ungeheuerlichkeiten. Die er dafür hielt. Keine offizielle Stelle, kein Amt, kein Staat, keine Polizei hatte ihn engagiert. Er hatte sich selbst eingestellt. Und versah so die Stelle eines Zerberus der Gesellschaft, des unermüdlichen Höllenhundes vor den vielen rutschbahnartigen Eingängen zum Abweg und zur Unordnung.

Er sah ein falsch geparktes Auto oder eines, das die auf der Parkuhr oder auf dem hinter der Windschutzscheibe sichtbar ausgelegten Parkschein angezeigte Zeit überschritten hatte – und fotografierte es. Strahlend drehte er am gewaltigen Objektiv, bis seine Spiegelreflexkamera alles ganz scharf und deutlich erfassen und aufnehmen konnte. Auch wenn er eine beschmutzte oder mit Graffiti besprühte Hauswand erblickte, riss er sofort die Kamera ans Auge. Hundehaufen auf Trottoirs vor Kirchen und Schulen entgingen seinem Argusauge ebenso wenig wie Fußgänger, die bei Rot den Zebrastreifen querten. Auch die stolz durch alle Passantengruppierungen hindurchpreschenden Fahrradfahrer, die gar nicht daran dachten, in der Fußgängerzone von ihrem Vehikel abzusteigen, dokumentierte er getreulich.

Bei all seinen Zerberusrundgängen verlor er nie seine blendende Laune, sein strahlendes Wesen. Er schien keineswegs empört über das, was er da ablichtete. Wenn er den Falschparker, dessen Gefährt er zuvor geknipst hatte, erwischte, dann verbeugte er sich sogar äußerst höflich vor ihm, schaute lächelnd zu ihm auf und trompetete, als verkünde er ihm eine große Freude: „Ich habe Sie! Ich habe den Beweis!" Nun hat ja, wir sind allzumal Sünder und nicht nur einfache Parksünder, jeder etwas, von dem er nicht möchte, dass ein Unberufener davon „den Beweis" in der Hinterhand hat. Und der eine oder andere Parksünder (was für ein großes Wort für so ein kleines Verbrechen!) konnte sich auch im ersten Moment kaum vorstellen, dass dieses „Ich habe Sie! Ich habe den Beweis!" nur aufs Falschparken zu beziehen sei. Sondern vermutete Größeres, in der Nähe einer Erpressungsmöglichkeit Liegendes. So dass dem strahlenden Ankläger mit seinem Objektiv sich öfters rot angelaufene Köpfe präsentierten.

Und als er an einem schönen Tag einen Vater fotografierte, der gerade den Arm zärtlich um seine minderjährige Tochter gelegt hatte, bekam er auf sein „Ich habe Sie! Ich habe den Beweis!" von dem Erziehungsberechtigten der Kleinen eine schallende Ohrfeige verabreicht. Was Folge eines tragischen Missverständnisses war. Der Zerberus nämlich hatte die beiden erwischt, als sie bei Rot über die Straße gingen. Darauf bezog sich sein Beweis. Der Vater aber glaubte, in Zeiten schneller pädophiler Verdächtigungen müsse er sich ob seiner harmlosen beschützenden Armlegerei „das nicht gefallen lassen". Darauf bezog sich seine Angst.

Dabei kam es nie zu Konsequenzen, die sich aus den Beweisen ergeben hätten, die der Zerberus sammelte. Er zeigte niemanden an. Sein Strahlen und Leuchten steigerte sich nämlich – abgesehen vom Empfang der einen Ohrfeige – ins schier Unermessliche, wenn der von ihm mit seiner Verfehlung konfrontierte Sünder bei allem Widerwillen gegen den unverschämten Gnom mit seinem Objektiv doch die Restwärme eines schlechten Gewissens zu spüren schien und dies auf die eine oder andere Art auch zeigte, manchmal empört, manchmal verlegen. Dieser Effekt allein genügte dem Zerberus offenbar schon und schien ihm eine große Befriedigung zu verschaffen.

Man hätte ihn für verrückt halten können. Dabei war er nur der einzig Gerechte unter uns Ungerechten. Der einzige Ordentliche unter uns Unordentlichen. Nichts weiter eigentlich als ein guter Unmensch.

Die Geschichtengängerin

Die Villa lag auf halber Höhe über der Stadt. Ein zierliches Gebäude, elegant und schlank, ganz aus Holz. Die Dachtraufe mit schönen Schnitzereien versehen. Darunter große, weite Fenster, deren mittleres als Glastür auf eine Veranda hinausging. Nahm man die querstehende Reihe der großgewachsenen Birken mit in den Blick, die unterhalb der Veranda ihr lichtes, leichtes Blätterwerk zum sie überragenden Haus emporstreckten, dann hätte man meinen können, ein russischer Adliger aus dem neunzehnten Jahrhundert habe hier sein sommerliches Landhaus errichtet. Und dies so anlegen lassen, dass es zwar schon von weitem sichtbar war und den Hang beherrschte, zumal keine anderen Häuser in der Nähe sich befanden, aber zugleich gut versteckt war. Denn wer dies bauliche Kleinod erreichen wollte, konnte nur bis zum Fuß der doch recht steil ansteigenden Anhöhe fahren, wo zwei im Halbkreis aufeinander zuführende, mit Kies befestigte Wege in der Mitte einen rondellartigen Platz bildeten, auf dem zwei, drei kleinere Autos einen Parkplatz hätten finden können. Man sah dort aber nie welche stehen.

Gleich dahinter stand man vor einem hohen Gittertor, hinter dem Treppen hinauf zur Villa führten, die bald zwischen und unter dicht stehenden Büschen und Bäumen verschwanden und etwaige Besucher zu einem nicht unanstrengenden Fußmarsch bergan zwangen. Von rechts und links her liefen auf das Gittertor hohe, undurchdringliche, aus wilden buschartigen Gewächsen bestehende Hecken zu. So dass das Anwesen, wenn man direkt vor ihm stand, die Anmutung einer uneinnehmbaren und auch uneinsehbaren Festung hatte, wenn man aber von weiter weg auf es schaute, den Eindruck einer Leichtigkeit machte, die dem Himmel näher als der Erde schien.

Der Gymnasiast Jean-Jacques Schobré, den es aus dem Elsass, wo seine Eltern früh gestorben waren, auf etlichen katastrophen- und schmerzensreichen verwandtschaftlichen norddeutschen Irr- und Umwegen ins Waisenhaus der kleinen süddeutschen Stadt verschlagen hatte, kam auf seinem täglichen Schulweg an der „Villa Holz“, wie sie im Volksmund hieß, vorbei. Das Waisenhaus, das sich freilich vornehmer und auch unverfänglicher „Städtisches Internat“ nannte, lag etwas außerhalb und verteilte seine schulpflichtigen Insassen je nach Begabung und Eignung auf die diversen niederen oder höheren Lehranstalten der Stadt, so dass die Internatszöglinge jeden Tag gut zu Fuß zu sein hatten. Jean-Jacques, einer der Hochbegabten des „Städtischen Internats“, der im humanistischen Gymnasium durch Glanzleistungen in den alten Sprachen, dann naturgemäß vor allem in Französisch, das er perfekt sprach, aber auch in Deutsch und Musik auffiel (und zudem die katholischen Schulgottesdienste in der alten romanischen St. Lukas-Basilika auf der Orgel begleitete, auf der ihm auch an einem Nachmittag unter der Woche ein älterer, längst pensionierter Kirchenmusikdirektor Unterricht erteilte), hatte zu viel an Tönen und an Texten in seinem jungen Kopf, um auf seinem täglichen Gang in die

Stadt groß einen Blick hinauf an die „Villa Holz“ zu verschwenden.

Als aber Jean-Jacques in der lokalen Zeitung, die, meist freilich mit der Ausgabe vom Vortag, im großen Aufenthaltsraum des Waisenhauses zwischen einem Fernsehgerät, einer Stereoanlage und einem vorsintflutlichen Personal-Computer etwas einsam auslag, eine Chiffre-Annonce ins Auge stach, die mit „Gute Bezahlung“ am Anzeigenkopf fett gedruckt lockte und mit „Vorleser gesucht“ ebenso fettgedruckt am Anzeigenfuß die Lockung zwischen zwei Schlagzeilen verpackte, kam er um die „Villa Holz“ nicht mehr herum. Der kurze und bündige Text zwischen den beiden fetten Schlagzeilen versprach einem jungen Mann oder auch einer jungen Dame, die, „intelligent, gebildet, neugierig“ sein und „eine gute Stimme“ haben sollten, ein „angemessenes Honorar“ gegen die Bereitschaft, einer älteren Dame zweimal die Woche aus literarischen Werken, deren Wahl sie allein treffe, vorzulesen. Nachdem Jean-Jacques brieflich, wie gewünscht, seine Bewerbung samt den nötigen und aussagekräftigen Angaben zur Person unter Chiffre bei der „Stadtpost“ eingereicht hatte, erhielt er vierzehn Tage später eine Einladung zur Vorstellung bei einem Fräulein Charlotte Sophia von Holz, Adresse: Am Birkenberg Nummer 4.

Nachdem er das hohe Gittertor, das man ihm hatte vorsorglich offen stehen lassen, passiert und die gut hundert Treppenstufen hinauf zur Villa bewältigt hatte, bot sich ihm eine überwältigende Aussicht auf die Stadt da unten und darüber hinweg auf die mit Laub- und Tannenwäldern bestückten Abhänge der nahen Mittelgebirgszüge, die im Sonnenlicht wie eine einzige, rhythmisch gefurchte fortlaufende dunkelblaue Wand sich erhoben. Noch überwältigender freilich war der Blick aufs Nächste. Die Fassade der Villa nämlich bestand aus unendlich vielen, dünnen Stangen, dicht an dicht gefügt. So dass die seltsam kunstvoll gefügten Wände wie ein großes, geriffeltes Brett wirkten, über das Jean-Jacques nur allzu gerne schnell und in lausbübischem Schwung mit der Hand gefahren wäre, um das ratternde Geräusch, das dabei entstehen würde, zu genießen. Aber derartigen Gedanken brauchte er sich nicht weiter hinzugeben. Denn eine gedrungene, leicht korpulente Dame im weißen Schürzchen einer Bedienerin, die in ihrer Altmodischkeit ganz gut zum Vergangenheitscharme der Villa passte, öffnete die Haustür, durch deren kleines Ausguckfenster sie Jean-Jacques bereits entdeckt hatte, und bat den jungen Mann herein. Sie tat dies mit tiefer, gutturaler, fast männlicher Stimme, die ein ziemlich starker Anflug von schwarzem Bartflaum auf der Oberlippe in ihrer Virilität noch zu bestärken schien. Die pechschwarzen, zu einem Dutt geformten Haare, die ebenso schwarzen, dunkelglühenden Augen und der harte Akzent, mit dem sie sprach, wiesen sie wohl als Spanierin aus.

Als Jean-Jacques den Salon betrat, der sich gleich an den Windfang anschloss und fast die ganze Breite des Veranda-Geschosses des Hauses einnahm und also vom Licht, das durch die großen Fenster und die Glastür hereinfiel, schier überflutet war, fiel ihm als erstes ein dunkler Kontrapunkt im gleißenden Licht auf. Ihn bildete ein Salonflügel, der rechterhand im Raum stand. Der Klavierdeckel über den Tasten war aufgeklappt, der Schalldeckel überm Klavierinneren aber geschlossen. Gleich hinter dem Instrument, zur Bergseite der Villa hin zogen sich an den Wänden vom Holzboden aus schönen Eichenbohlen bis hoch zur Holzdecke aus fast noch schöneren Zirbelbohlen lauter Regale hin, vollgestopft mit Büchern. Im Raum, der im übrigen so leer wirkte, als biete er nur dem üppig einfallenden Licht Platz, waren seltsamerweise etliche Waschkörbe auszumachen, über und über mit Papierbündeln gefüllt. Gruppiert standen sie um einen großen, weichen, nackenhohen Fauteuil herum, in dem eine zarte Gestalt saß. Direkt davor ein weiterer, weniger weicher, weniger hoher Sessel. Er war unbesetzt und wohl für den Besucher vorgesehen.

Die Gestalt schien mit dem einfallenden Licht um die Wette zu leuchten. Mit dünnem, einmal wohl flachsblond gewesenem, jetzt weißem Haar, das in weichen Wellen ein schmales, spitzes Gesicht umspielte. Die Gestalt steckte in einem blassblauen, am Hals geschlossenen Kleid mit langen Ärmeln, unter denen zwei dünne Arme hervorragten, die sie auf die Fauteuillehne gelegt hatte und die in feinädrigen, mit löschpapiertrockener blasser Haut überzogenen spinnenfeingliedrigen Händen ausliefen.

„Bonjour, Monsieur Schobré", begrüßte eine feine hohe, leicht zitternde, aber bei aller vornehmen Reserviertheit durchaus freundliche Stimme den Eintretenden. Nach einem kurzen Verdutzungszögern beeilte sich Jean-Jacques, mit einer leichten Verbeugung und einem „Je vous salue, Madame, et merci pour l'aimable acceuil!" zu antworten. „Pas Madame, Mademoiselle s'il vous plaît", revozierte die Gestalt. Fräulein Charlotte Sophia von Holz war mit ihrem Besucher sofort in dessen Herkunftssprache gefallen – vielleicht auch, um dessen reaktionsschnelle Intelligenz zu testen und zu prüfen, mit wieviel Höflichkeit und Geschmack sie bei dem Bewerber rechnen könne.

„Treten Sie bitte näher“, forderte sie jetzt wieder auf Deutsch den Besucher auf. Als dieser sich dem Sessel gegenüber der alten Dame nähern und dort Platz nehmen wollte, meinte sie: „Nein, noch nicht, bitte. Noch näher, ganz zu mir heran, junger Mann. Sie sind doch noch ein junger Mann?“ – „Aber das können Sie doch leicht erkennen, Mada-, Pardon, Mademoiselle!“, erwiderte der Junge erstaunt, nun auch wieder ins Deutsche fallend. „Ich kann gar nichts mehr leicht erkennen, mein Herr, ich bin so gut wie blind, müssen Sie wissen, blind wie ein Maulwurf oder besser: wie eine Maulwürfin“, wobei sie ein leises, hell klingelndes Kichern hören ließ. „Also nur ganz heran, bitte ganz nah zu mir. Erlauben Sie, dass ich Sie auf meine Art noch einmal begrüße?“ Und dann ergriff sie den inzwischen wirklich ganz dicht vor sie getretenen jungen Mann mit einer sanften Bewegung ihres rechten Armes, zog ihn noch näher zu sich heran und begann, ihm, indem sie sich halb aufrichtete, mit der linken Hand Kopf und Gesicht langsam und lange abzutasten. Fast kam es ihm vor, sie tue das Quadratzentimeter um Quadratzentimeter. Es war ihr aber wohl eher um die großen Linien zu tun.

Nachdem sie ihre Hände noch kurz auf seiner ohnehin nicht allzu breiten Brust hatte ruhen lassen und er schon fürchtete, sie werde jetzt ihre händische Entdeckungsreise auf seine übrigen Körperregionen ausdehnen, sagte sie nur: „Bon, mon ami! Sie sind ein gütiges Jungele.“ – „Bitte, Mademoiselle, kein Jungele, ein Mann, wenn schon!“ – „Bitte um Pardon, mein Herr. Dabei soll es bleiben, beim jungen Mann. Aber nehmen Sie doch jetzt bitte mir gegenüber Platz. Und erlauben Sie mir, bevor wir miteinander ins Geschäft kommen, eine Geschichte zu erzählen." – „Ich liebe Geschichten, Mademoiselle! Ich soll Ihnen ja auch welche vorlesen, wenn ich die Anzeige in der ‚Stadtpost' richtig gelesen und verstanden habe."

„Aber vorerst, mein lieber junger Mann, sollen Sie sich eine anhören. Dann reden wir über alles übrige. Eine kleine Erfrischung zunächst könnte jedoch nicht schaden." Sie ergriff ein kleines Glöckchen, das neben ihrem Fauteuil auf einem Schemel lag, und ließ ein helles, dünnes Geschelle hören. Die dunkle Spanierin betrat trotz ihrer körperlichen Fülle fast lautlos und geschmeidig den Salon und stellte ein Tablett mit Gläsern und einem Krug auf ein Beistelltischchen, das sich links vom Sessel des jungen Mannes befand. Sie goss eine dunkelrote, beinahe ins Schwarze hinüberfunkelnde Flüssigkeit aus dem Krug in zwei Gläser, reichte eines dem Jungen, das andere drückte sie der Alten in die Hand. „Saft aus frich gepressten schwarzen Johannisbeeren, zu denen meine österreichischen Verwandten Ribisel sagen, mein Lieblingsgetränk, wussten Sie übrigens, dass das Wort Ribisel aus dem Arabischen kommt, wenn das die Österreicher wüssten! Ein eingewandertes Wort, und setzt sich einfach an einen österreichischen Wirtshaustisch, an dem seit eh und je gegen die Ausländer hergezogen wird", scherzte sie, kicherte leicht und nippte genießerisch einen ersten kleinen Schluck, dessen feuchte Reste sie mit einer schnellen leichten Bewegung ihrer reptilienartig feinen, dünnen Zunge von den Lippen wischte. Jean-Jacques nippte ebenfalls an seinem Glas. „Schmeckt er Ihnen?" – „Ja, gewiss, ganz köstlich, dieser Einwanderer", versuchte sich

Jean-Jacques etwas halbherzig an einer Pointe, über die Fräulein von Holz jedoch hinwegging.

Während aus den Gläsern ein herbminziger süßer erdiger Duft aufstieg und sich im Raum verbreitete, fing die alte Dame mit ihrer Geschichte endlich an. „Also, mein lieber junger Freund, ich darf Sie doch schon so titulieren?, Sie scheinen mir jedenfalls sehr freundlich zu sein, also, Sie müssen wissen, mit wem Sie es zu tun haben. Bitte, keine Angst, ich werde Sie nicht mit Familiengeschichten oder dergleichen belästigen. Nein, nur mit meiner Lieblingsbeschäftigung. Ich bin, besser aber sage ich jetzt, wo ich nichts mehr sehe: ich war einmal eine Geschichtengängerin. Und wenn Sie jetzt zurecht wissen wollen: Was ist das, eine Geschichtengängerin?, dann ist das ganz einfach jemand, der hinter Geschichten her ist – nicht gerade wie der Teufel hinter einer armen Seele", und da nippte sie wieder von ihrem Ribiselsaft, kicherte leicht und leckte sich wieder die Lippen, „aber wie ein Engel hinter den verlorenen Seelen. Schauen Sie, ich bin jetzt etwas über neunzig Jahre alt. Im Jahr 33, als die braunen Literaturkritiker überall grölend und dummdumpf die Bücher in die Scheiterhaufen hinein geschmissen haben, da drunten in der Stadt hat auch einer gebrannt auf dem Platz vor der St. Lukas-Basilika, müssen Sie wissen, in diesem Jahr bin ich gerade zwölf Jahre alt geworden."

Sie machte eine kleine Pause, legte ihr weißumlohtes Köpfchen ein wenig sinnend schräg, als ob sie über ihr fahrlässig junges Alter damals ein wenig ins Grübeln geraten sei, fuhr aber dann fort: „Fragen Sie mich nicht, woher ich das hatte oder was mich geritten und gejuckt hat, aber ich habe den alten, kurzen Leiterwagen, den mein

Vater im Keller unter der Veranda stehen hatte, die Kellertreppe hochgewuchtet und ihn dann, Stufe um Stufe, das war eine Riesenanstrengung, können Sie sich vorstellen, die Stiege hinunter durch den Garten holpern lassen, er wäre mir schier ein paar Mal aus der Hand gerutscht, aber ich habe mich tapfer und mit all meiner noch jungen und zarten Kraft dagegen gestemmt. Unten habe ich ihn auf die Straße geschoben. Und dann bin ich, ein Kind noch, ein Mädchen mit Zöpfen, wie halt damals alle Mädchen ihre Haare trugen, mit dem Leiterwägelchen durch die Straßen in unserem Viertel am Birkenberg gezogen. Habe an allen Haustüren geklingelt und den Leuten, die erst ziemlich befremdlich guckten, ganz frech gesagt: Wenn Sie verbotene Bücher haben, geben Sie sie mir. Ich bringe sie weg. Worauf sie aber, die einen verlegen, die anderen eilfertig, wieder andere mit dem Ausdruck patriotischer Pflichterfüllung mir ihre Tucholskys, Kafkas, Manns, Heines, Wassermanns, Kästners, Schnitzlers, Feuchtwangers, ihre Zweigs und Werfels und Hofmannsthals, manche auch gleich ihre Bibeln mit aushändigten. Womöglich dachten sie, es sei selbst im Neuen Testament ein bisschen zu viel Judentum darin, lieber sich nicht damit verdächtig machen! Vielleicht dachten sie auch, das ist eine der jungpolitischen Maiden der Bewegung, die karrt das Zeug jetzt gleich weg zum Verbrennen. Und zeigt jeden an, der ihr nichts mitgibt. Aber Pustekuchen!"

Offenbar machte die Erinnerung sie durstig. Frau von Holz nahm jetzt einen größeren Schluck des würzigen Johannisbeersafts und leckte sich wiederum genießerisch mit ihrer dünnen Reptilienzunge die Lippen, was offenbar zu ihren eisernen Trinkgewohnheiten zu gehören schien, zu ihrer vornehmen Allüre aber nicht ganz passte.

„Damals fing das an mit meiner Leidenschaft. Nach mehreren Fuhren nicht nur durch unser, sondern auch durchs anschließende Schwärzerviertel bis hinunter zu den Reihenhäusern hinter der alten Katharinenkapelle, hatte ich schon eine ganz ansehnliche Bibliothek zusammen. Nie hat mich jemand aufgehalten. Nie auch jemand gefragt: Was machst du denn da? Was hast du da im Wagen? Ich habe also völlig unbehelligt jeweils das voll bepackte Leiterwägelchen immer unten hinterm Gittertor stehen lassen und dann mir eins ums andere Bücherpaket auf den Arm geladen und unter Schwitzen und Schnaufen mühsam nach oben transportiert, dann wieder runter, dann wieder rauf, dann wieder runter; so ging das, bis ich meine Schätze alle bei uns im Keller hinter einem Bretterverschlag gleich hinter den Regalen mit den Weinflaschen, die mein Vater sammelte, verstaut hatte."

„Und was ist dann passiert?", wollte Jean-Jacques wissen, der bis dahin aufmerksam und ohne weiter von seinem Saft zu trinken zugehört und sich auch keine Zwischenbemerkung, kein Räuspern, kein erstauntes Schnauben erlaubt hatte.

„Gar nichts ist passiert, außer dass ich jeden Tag in den Keller hinunter gegangen bin und mir eine Geschichte gegönnt habe. Das war meine Nahrung. Manchmal nur ein paar Gedichte, manchmal nur eine Erzählung oder eine Novelle (die aber fast immer am liebsten, denn unerhörte Begebenheiten sind die schönsten, nicht wahr?), und manchmal, wenn nicht so viel für die Schule zu tun war oder wenn es draußen schüttete, so dass man nicht in den Garten konnte, den ich auch sehr geliebt habe und in dem ich mich stundenlang im Sonnenglanz träumend verlieren konnte, habe ich dann gleich einen ganzen Roman verschlungen. In einem großen Zug und Schwung. Ohne meinen täglichen Gang hinunter zu meinen Geschichten wäre ich wohl verhungert, also geistig meinte ich, materiell ging es uns immer gut und satt, und hätte ich wohl auch nicht überlebt. Freilich habe ich mir da unten beim Schein einer nur schwachen funzeligen Lampe womöglich auch allzu früh die Augen verdorben. Aber das war es mir wert."

Sie geriet jetzt in eine Art Selbstgespräch, ein in sich gekehrtes, fiebrig flackerndes Murmeln, als habe sie den jungen Mann zwischenzeitlich vergessen: „Kurios, nicht wahr? Damals habe ich zu den Leuten gesagt: Gebt sie mir, die ihr nicht mehr haben wollt oder dürft! Und es waren Bücher. Heute wäre es ja wohl ungefähr so, als ginge ich herum und forderte die Leute auf: Gebt sie mir, eure abgelegten, verbrannten, vernichteten, aus dem Weg geräumten Überzeugungen, Gefühle, Sitten und Gebräuche, eure felsenfesten Standpunkte von gestern, die ihr heute nur noch als peinlichen Schrott betrachtet, euren euch unwahr gewordenen Glauben – gebt das alles mir! Ich bewahre es für euch auf. Ich schaffe es in Sicherheit, damit es nicht verloren geht und ihr darauf zurückgreifen könntet, wenn ihr euch für das Supergewisse, das ihr heute noch anbetet, anfangen würdet zu schämen. Greift dann nur hinein, würde ich dann sagen, ins volle Arsenal des Verschrotteten, vielleicht findet ihr darin das neue Alte ... Aber ihr müsst selbst zusehen. Ich bin blind."

Jean-Jacques unterbrach ihr Grübeln, von dem er ausgeschlossen war: „Und jetzt soll ich Ihnen alle diese alten Geschichten, die Sie begreiflicherweise nicht mehr lesen können, noch einmal vorlesen?", fragte er nach. „Nein, mein lieber junger Freund", antwortete ihm Fräulein von Holz nun wieder mit festerer Stimme, „warten Sie es doch ab. Es geht ja noch weiter. Ich bin nämlich in unserem Keller nicht nur sozusagen unter den schlimmen Jahren lesend weggetaucht, die dann ja immer grotesker und mörderischer wurden, bis sie im Kriege buchstäblich untergingen, ich bin auch in eine ganz andere Welt hineingeraten, ach, was sage ich, nicht nur eine Welt, nein, vielmehr viele, viele Welten waren das. Und da sie aus offiziell verbotenen und verhassten Büchern bestanden, bekamen diese Welten einen ganz eigenen Reiz."

Wieder machte sie eine kleine Nachdenkpause, nach der sie von ihrem Saft nippte. „Ja, und dann war der Krieg vorbei. Ich hatte mittendrin zu studieren angefangen, Altphilologie natürlich, weil die Germanistik damals stark verseucht war, können Sie sich vorstellen, nein?, macht nichts, dafür sind Sie noch zu jung, ist auch nicht wichtig. Aber bei Platon, Vergil und Seneca war man genug weit weg von der Aktualmisere, gerettet, meine ich, hinein in eine Taucherglocke, die im Vergangenheitsgrund halbwegs frei schwamm. Es hat mich allerdings große Mühe gekostet, bei Gott, war das ein zäher Kampf!, meinen Vater erst dazu zu bringen, dass er mich auf ein reines humanistisches Jungengymnasium gehen ließ, das nur vereinzelt gnädig Mädchen aufnahm, die sich eben auf Latein und Griechisch kaprizierten, zumal es ein Mädchengymnasium in unserer kleinen Stadt nicht gab, und diese Mädchen es sehr schwer hatten, sich in einer reinen Jungenklasse dann auch zu behaupten, da musste man schon verdammt gut sein."

Sie unterbrach ihre Erzählung mit einem sinnenden Lächeln, das sie zusammen mit dem wiederum genippten Saft leicht von den Lippen wischte. „Aber ich war gut, sehr gut sogar. Ja, und dann das Studium. Wieder ein Kampf, wieder endlose nächtliche Gespräche mit Papa, der es lieber gesehen hätte, wenn seine Tochter etwas ‚Anständiges' als Berufsziel ins Auge gefasst hätte, also Ärztin zum Beispiel, und nicht die brotlose Altphilologie. Aber mitten im Krieg, der ihn ohnehin in düsterste Verzweiflung und Weltuntergangsängste gestürzt hatte, war es ihm am Ende dann doch gleichgültig, was ich wählte und machte, denn es hätte alles sowieso keinen Sinn, meinte er, da könne man gleich treiben, was man wolle. Nach so einem Satz kamen ihm immer die Tränen. Und wenn ich sie ihm vorsichtig von den stoppeligen Wangen küsste, schließlich wusste ich, wie man diesen sorgenzerfressenen Mann ein wenig schmusend trösten konnte, lächelte er sogar; vielleicht war er dann auch ein bisschen glücklich. Ich durfte also hinein in meine Rettungstaucherglocke, weil mein lieber Vater insgesamt weltpolitisch resigniert hatte. Gleich nach Kriegsende starb er, die Jahre kommender Freiheiten und Möglichkeiten und ganz anderer Gefahren hat er nicht mehr erlebt. Von dem aber, was er an alten, guten Wertpapieren hinterließ, die allesamt in Schweizer Depots lagen, konnte ich, nachdem sie freigegeben waren, und wenn man die Grundstücke und Immobilien noch hinzunahm, die er erworben hatte, leben, ohne mir für mein altphilologisches Hobby eine berufliche Basis suchen zu müssen."

Sie atmete jetzt einmal tief durch, ein leichtes Zittern ging durch ihren kleinen Körper, die Rede schien sie doch angestrengt und bewegt zu haben: „Bitte, ich wollte Sie nicht mit Familiensachen langweilen, wollte Ihnen nur ein bisschen ein Relief geben“, schloss sie mit einem kleinen Erschöpfungsschnaufer. Beim Wort „Relief“, das Jean-Jacques bisher immer nur in Verbindung mit Kunst und Bildhauerei gehört hatte, griff er sozusagen innerlich zu, denn es kam ihm in Menschen- und Familiensachen als sehr originelles, schönes Wort vor, er wollte es sich merken und hätte sich gerne vorgenommen, es bei Gelegenheit ins Spiel zu bringen, wenn er denn unter seinen Schul- und Waisenhauskameraden Partner für solche Sprachspiele gefunden haben würde.

„Aber bitte erlauben Sie, Mademoiselle“, brachte jetzt Jean-Jacques den Zweck seines Besuchs in Erinnerung, „darf ich fragen, was das alles mit mir und meinem Hiersein zu tun hat? Die Zeit ist schon etwas fortgeschritten, und ich müsste heute noch ...“ – „Geduld, lieber junger Freund. Gleich sind wir so weit. Ich bin halt keine einfache Person und auch keine einfache ‚Arbeitgeberin‘, wenn Sie mir diesen schnöden, gewerkschaftlichen Begriff nachsehen wollen.“ Dann holte sie tief Atem, meinte, sie könne es nun kürzer und schneller machen, und sagte dann einfach: „Die Sache ist die: Ich wurde süchtig. Nicht jetzt, was Sie denken. Nein, süchtig nach Geschichten. Die gedruckten und veröffentlichten reichten mir nicht mehr.“

Sie habe an den Türen, wo sie als junges, verrücktes Mädchen geklingelt habe, um nach verbotenen Büchern zu forschen, als junge, verrückte erwachsene Frau wiederum angeklopft. Immer mit dem Risiko natürlich, hochkantig rausgeschmissen und abgewiesen zu werden. Was etliche der Angesprochenen denn auch taten. Bei vielen sei sie aber seltsamerweise auf Resonanz gestoßen. Die Leute nämlich, die zuerst dachten, sie hätten es mit einer der üblichen Vertreter und Handlungsreisenden zu tun, in diesem Fall halt ausnahmsweise einmal mit einem weiblichen Exemplar dieser doch eher windigen und fragwürdigen Spezies, die einem Staubsauger oder Zeitschriftenabonnements andrehen will, diese skeptischen bis misstrauischen Leute seien zwar bass vor Erstaunen gewesen, dann aber förmlich aufgetaut, als sie gehört hätten, was sie von ihnen wolle: Sie sollten doch ihre einmalige Lebensgeschichte oder auch ihre vielen Lebensgeschichten, ihre Erlebnisse, ihre Abenteuer, bitte, wenn es sie nicht geniere, gerne auch ihre Liebesgeschichten aufschreiben und diese, in welcher genügender oder ungenügender Form auch immer verfasst, ihr geben, zuschicken, vorbeibringen, wie es beliebe.

„Natürlich haben die mich alle für eine Verrückte, für eine Spinnerin und Durchgedrehte und Überspannte gehalten. Aber da ich außerdem absolute Diskretion und Geheimhaltung garantiert hatte, fühlten sich die meisten, ja, wie soll ich sagen: einerseits geschmeichelt und gerührt, dass sich jemand Fremder für sie und ihr Ureigenstes, Privatestes, Intimstes interessiert, andererseits auch offenbar seltsam erleichtert. Denn mir konnten sie endlich das aufschreiben, was sie sonst womöglich keinem hätten sagen können, weil sie gar nicht die Gelegenheit dazu gehabt oder auch nicht getraut hätten."

Das Sonnenlicht, das immer noch in breiten Fluten ins Zimmer strömte, hatte eine dunklere, nachmittäglich gesättigte Färbung angenommen. Das Gesicht der alten Dame schien von diesem Licht wie mit einer Aureole umgeben. Man hörte, wie ein aufkommender Wind in den Wipfeln der hohen Birken spielte, die man über den Rand der Veranda ragen sah. Die Spanierin streckte kurz den Kopf durch die Tür hinten im Salon, um nachzusehen, ob es am Nachschub für den Johannisbeerensaft fehle, zog sich aber, als sie sah, dass das Getränk noch reichte, sofort lautlos wieder zurück.

„Ja, mein lieber junger Freund, und so kam es zu diesen Waschkörben, die Sie hier überall mich umstehen und umlagern sehen. Sie sind voller dieser Geschichten, nach denen ich gegangen bin. Waschkörbe enthalten normalerweise schmutzige, ungeordnete, durcheinander geworfene oder aber saubere, gewaschene und gebügelte Wäsche. Meine sind voll von Seelen- und Lebenswäsche, wenn Sie so wollen, stapelweise, am Ende gar tonnenweise. Ich hab' sie gesammelt, gehortet, über Jahrzehnte hinweg und mich in sie hineingelesen, ach, was sage ich: hineingewühlt, oft auch hinein entsetzt. Ich habe mich durch diese Geschichten, und manchmal waren es kaum mehr als stichwortartige Berichte, durchgefressen, bitte, verzeihen Sie dieses unschickliche Wort, wie durch einen riesigen, süßen Reisbrei. Mein Schlaraffenland. Sie dürfen mich ruhig für meschugge halten, mein lieber junger Freund, ich bin natürlich nicht ganz normal, ich bin ziemlich unnormal. Und wenn ich mir nicht hier oben in meiner paradiesischen Klause eben ein bequemes, abgeschiedenes, einsiedlerisches Leben als ein Fräulein von und zu Holz hätte leisten können, wer weiß, vielleicht hätten sie mich längst in eine geschlossene Anstalt verfrachtet."

Jean-Jacques murmelte begütigend etwas von „Aber ich bitte Sie“ und „Das wäre ja noch mal schöner“, aber die alte Dame beharrte: „Doch, doch, ich bestehe sogar darauf, verrückt zu sein. Was ist denn Verrücktheit anderes als eine Verrückung, ein Hinausgerücktsein aus aller gegebenen, normalen Welt? Und wenn man das mit Anstand und bei vollem Bewusstsein tut und niemandem anderen damit schadet – ja, dann hat das doch fast was von einem Kunstwerk, naturgemäß einem Lebenskunstwerk, nicht wahr? Aber diese Kunstwerke sind ja sowieso die schwierigsten. Vielleicht kommt das alles aus meiner Kellerzeit, wie ich sie nenne, als ich mitten in barbarischen Zeiten, in denen nur marschiert und gebrüllt und in Reih' und Glied pariert wurde, mich vergraben habe in die Verbotenen da unten. Und was habe ich denn anders gemacht, als dass ich mich tief und, wenn Sie so wollen, bitte nicht lachen über dieses längst hohnvoll aus der Mode gekommene Wort: innig hineingefühlt habe in die Schicksale der Figuren und Menschen, die da von den größten Dichtern erfunden wurden. Ich konnte in ihnen leben, wenn ich sie las, und es war das bessere, das tollere, das tiefere, das schönere, aufregendere, menschlichere Leben als das, was da draußen sich die Welt brutal unter die gewichsten Stiefel nahm. Natürlich, bitte, das gebe ich sofort zu, war das Flucht, war das Eskapismus, war das ein, wenigstens in meinem Fall, ungefährliches und nie gefährdetes Entkommen. Ja, aber was denn auch sonst? Hauptsache, man entkam. Puuuh.“

Sie hatte sich in Rage und Hitze geredet und holte tief Luft, um ihm dann in etwas geänderter, höherer, weniger erzählender, mehr fordernder Tonlage zu eröffnen, dass er jetzt vollends ins Spiel komme. „Die ganzen letzten Jahre, und die reichen, ehrlich gesagt, schon ein wenig weiter zurück, junger Mann, war ich mit Erblinden beschäftigt. Ich habe nichts mehr lesen können, auch nicht mit der stärksten Lupe. Meine kleine Juanita wollte mir anfangs beistehen und hat, eifrig und zuverlässig, wie sie eben ist, mir angeboten, sie wolle mir vorlesen. Aber das ging nicht gut. Abgesehen davon, dass sie für einen richtigen Roman oder eine Erzählung schon mal weder einen Sinn noch einen Tonfall hat und mir ein holpriges, tonloses Geleier furchtbar auf die Nerven geht, konnte sie mit all den Papieren in den Waschkörben rein gar nichts anfangen. Das Entziffern der Handschriften gelang ihr gleich gar nicht, und auch in den maschinengeschriebenen Manuskripten verlor sie sich hoffnungslos."

Sie hielt kurz inne, nahm einen kleinen Schluck und holte nun unmittelbar zu ihrem finalen Schlag aus. „Knien Sie sich hin, Monsieur Schobré!" – „Wie bitte, Mademoiselle?" – „Sie haben recht gehört. Sie sollen sich hinknien. Nicht vor mich, Gott bewahre, die Zeiten, dass junge Männer vor mir knieten oder gekniet haben würden, sind lange schon vorbei, es hat sie wohl auch nie gegeben, ich habe immer nur in und mit meinen Geschichten gelebt, da war kein Platz für Männer. Leider. Nein, bitte, knien Sie sich einfach vor einen der Waschkörbe hin, am besten vor den, welchen Juanita rechts von mir ganz außen, es muss kurz vor der Verandatür sein, hingestellt hat. Mit dem fangen wir an. Sie packen den Korb, leeren ihn aus und suchen." – „Wonach soll ich suchen? Ich dachte, ich solle hier vorlesen, und jetzt soll ich erstmal knien!", maulte Jean-Jacques. – „Sie sollen nach etwas Bestimmten suchen, das auch leicht zu finden sein wird. Denn es ist die einzige Lebensgeschichte unter den Hunderten, wahrscheinlich Tausenden, die mit grüner Tinte geschrieben ist. Diese bitte ich Sie zu suchen, so lange eben jeden Waschkorb auszuleeren und zu durchwühlen, bis wir, pardon, Sie sie gefunden haben. Und wenn das heute nicht erreicht wird, oder wenn Ihre Zeit zu bemessen ist und sie wieder nach Hause müssen, dann halt beim nächsten Mal. Gleichgültig aber, wann wir, pardon, Sie diese grüne Kostbarkeit finden, ob heute, ob erst in sechs Wochen, ich bezahle Sie für ein ganzes Jahr!"

Und sie nannte eine Summe, mit der sie jede Sitzung oder auch „Knieung", wie sie kurz scherzte, die sie auf zweimal in der Woche veranschlagte, zu honorieren bereit war. Die Summe schon für eine Sitzung war fürstlich und durfte von Jean-Jacques ja, wie von Frau von Holz versprochen, mit 104 multipliziert werden. So dass er auf ein sehr ansehliches Jahressalär kam, auch wenn er schon heute oder erst in zwei Wochen oder in drei mit seiner Arbeit zu Ende sein sollte.

„Und was ist mit meiner Vorleserei?", wollte Jean-Jacques wissen, dem das alles etwas unheimlich vorkam. „Ich möchte, mein lieber junger Freund, nichts weiter, als dass Sie mir dieses grüne Manuskript vorlesen, nur dieses eine, damit ich es noch einmal hörend lese. Es ist mir fast das wichtigste unter all den Konvoluten, das wertvollste. Ach übrigens, knien Sie schon? Ja? Gut denn also. Sie werden es nicht nur an der grünen Tinte erkennen, sondern auch an der Sprache. Es ist das einzige nicht auf deutsch, sondern in einer fremden Sprache geschriebene, in Ihrer Sprache, mon cher Monsieur Schobré, in der französischen. Deshalb auch habe ich Sie unter all den Bewerbern für mein Unternehmen ausgewählt. Und ich denke, dass Sie so intelligent und rasch in der Auffassungsgabe sind, dass Sie es mir aus dem Stand und ohne groß zu stocken freihändig übersetzen können. Und wahrscheinlich sind Sie auch mit den französischen Handschrifteigenheiten so ziemlich vertraut, so dass Sie keine Mühe damit haben werden. Wollen Sie sich darauf verstehen? Wollen Sie mir den Gefallen tun?"

„Well, I will do my very best!" unkte Jean-Jacques, der sich wie gesagt bereits vor den von Mademoiselle bezeichneten Waschkorb gekniet hatte. Und Frau von Holz genoss seine Schlagfertigkeit und quittierte den Scherz mit einem leisen Kichern. „Also los, fangen Sie an, Monsieur!"

Jean-Jacques hätte nicht gedacht, dass Papier so schwer sein kann, selbst wenn es in losen Bündeln einen Waschkorb bis zum Rand füllt, was ja ungemein leicht aussieht. Aber er musste seine ganze Kraft aufwenden, um den Korb umzukippen und leicht hochzuheben, bis alle darin befindlichen Manuskripte sich auf dem Fußboden in unordentlichen Haufen verteilt hatten. Staub stieg auf und bildet im Sonnenlicht Wolken aus feinen sternenglitzernden Partikeln. Der Papierhaufen sonderte außerdem einen muffigen säuerlichen Geruch ab. „Los, junger Freund, wühlen Sie!", ermunterte ihn die Alte.

Und Jean-Jacques wühlte. Wie alle nach Ordnung als einer Wohltat und eigentlich ja nichts weiter als einer Bequemlichkeit bedürftigen Menschen begann er in seinem Gewühle ad hoc eine Systematik zu installieren. Er suchte die maschinengeschriebenen Manuskripte zusammen und stapelte sie. Wobei ihm die Praxis der Sammlerin, die losen, aber jeweils zusammengehörenden Blätter mit Büroklammern schon geheftet zu haben, zu Hilfe kam. Außerdem hatte sie wohl schon vor Jahrzehnten, als ihre Augen noch in Ordnung waren, die einzelnen Konvolute der Lebensgeschichten mit Filzstift bereits mit einem Oberbegriff signiert, zum Beispiel „Flucht, Vertreibung" oder „Betrug" oder „Erbschaftsstreit" oder „Gefangenschaft" oder „Scheidung" oder „Heimkehr und Enttäuschung" oder auch „Alte Nazis, neue Demokraten" oder „Krebsstation" oder „Herzkasper" oder „Liebesleid, Liebesfreud". So dass Jean-Jacques kurz entschlossen einen Stapel mit Kranken-, einen anderen mit Beziehungs-, wieder einen anderen mit Katastrophengeschichten auf dem Fußboden frohgemut zu errichten begann, als würden die ganzen Geschichten, die da versammelt waren, irgend einer Ordnung überhaupt gehorchen. Und als würden sie nicht sowieso wieder durcheinander im dann wieder eingeräumten Waschkorb herumliegen. Da es aber allein in diesem Korb schon Hunderte waren und er sich ja eindeutig nur auf das eine grüne Manuskript zu konzentrieren hatte, gab Jean-Jacques seinem Ordnungssinn nach einer kleinen Weile wieder einen Schubs und jagte ihn seufzend zum Teufel. Außerdem taten ihm langsam die Knie weh.

„Nun, was ist? Will's fördern, mag's gehen?", kicherte die Alte und genoss ein wenig eitel ihr „Faust"-Zitat. – „Ich muss mal eine kleine Pause einlegen", stöhnte der Junge, „meine Knie etwas entspannen". Er erhob sich mühsam aus einer unbequemen Stellung und wollte mit halb eingeschlafenen steifen Beinen zu seinem Sessel schlurfen, um dort den Staub, den er aus den alten Papieren einatmen musste und der ihm die Zunge pelzig gemacht hatte, mit etwas Johannisbeersaft wegzuspülen, als er mit der rechten Schuhspitze ein paar Blätter mit sich schleifte, die unter einem anderen Packen hervorgeragt hatten, den er wohl mit dem Fuß gestreift hatte. Er bückte sich, um die Papiere, die sich an der Schuhsohle verfangen zu haben und dort halb zu kleben schienen, wegzuziehen. Er blickte kurz darauf und sah, dass sie über und über mit grüner Tinte beschrieben waren. Und unterm Packen, den er mit seiner Beinbewegung durcheinander gebraht hatte, schauten noch ein paar weitere grüne Seiten hervor.

„Voilà, Mademoiselle, das wird ein schlechtes Geschäft für Sie, wenn Sie mich denn wirklich für ein ganzes Jahr bezahlen wollen, was ich nun fast nicht annehmen kann. Denn ich denke, ich bin schon heute fündig geworden. Hier ist Ihre grüne Kostbarkeit." – „Was ich versprochen habe, das halte ich auch, mein Lieber, Sie bekommen den ausgemachten Lohn. Aber nun, bitte um alles in der Welt, lesen Sie, übersetzen Sie, tragen Sie vor!", forderte sie mit erregter Stimme, „Ich habe es schon so lange nicht mehr vor Augen haben können, jetzt möchte ich es vor Ohren haben – ein letztes Mal!" – „Wieso ein letztes Mal? So oft doch, wie Sie wollen und befehlen, Mademoiselle, ich bin ja für ein ganzes Jahr in Ihrem Sold!" – „Ach, lassen Sie nur, das hat schon seine Richtigkeit. Aber jetzt fangen Sie an, bitte."

Der junge Mann benötigte eine gewisse Zeit, um die Bogen zu ordnen und sich zu orientieren, wofür er um Verständnis bat. „Ich denke, dass ich jetzt anfangen kann", meldete er nach ein paar Minuten der alten Dame, die in gespannter Haltung dasaß und ihren kleinen Körper näher zur Stuhlkante hin geschoben und dort aufgerichtet hatte, die blinden Augen konzentriert ins Leere gerichtet, leicht umflattert von nervös zitternden Lidern.

„Hier fängt die Geschichte an. Alors“, räusperte sich Jean-Jacques und las, nur unterbrochen hie und da durch ein leichtes Stocken, das sich aus der Schwierigkeit ergab, flüssig und aus dem Stand einen ganz fremden französischen Text ins Deutsche bringen zu müssen. „‚Madame‘“, er ließ den Beginn im französischen Original, „‚Sie waren so freundlich, auch wenn es mir in meiner ersten Überraschung doch etwas zudringlich, ja fast ein wenig verrückt erscheinen mochte, vorgestern bei mir vorzusprechen und um meine Lebensgeschichte zu bitten. Mein erster Impuls war, Sie abzuweisen, ja hinauszuwerfen. Dass ich Ihnen meine Lebensgeschichte nun schon zwei Tage später in den Briefkasten werfen werde, hängt mit dem zweiten Impuls zusammen. Er hat mich in Form eines bouleversement‘“, da unterbrach Jean-Jacques kurz, „wie übersetzt man ‚bouleversement‘, das Wort ist mir noch nie begegnet?“ – „Übersetzen Sie bouleverser einfach mit ‚über den Haufen geworfen werden‘“, schlug die Alte vor.

– „Also: ‚hat mich in Form eines Über-den-Haufen-geworfen-Seins überrascht. Denn mir ging plötzlich auf: Sie erkennt mich nicht! Sie erinnert sich nicht! Ich bin jetzt zweiundvierzig. Aber als Sie vor genau dreißig Jahren an unserer Haustür geklingelt haben und indizierte Bücher abgeholt und auf Ihr kleines Holzgefährt geladen haben, da bemerkten Sie das Mädchen kaum, das im Hintergrund des dunklen Hausflurs mit großen Augen und ängstlichem, wahrscheinlich schreckensblassem Gesicht stand.

Denn ich hätte dort gar nicht stehen dürfen, hätte mich niemandem zeigen dürfen außer meinen Hauseltern, ich nenne sie so, weil sie mich in ihrem Haus wie Eltern versorgten. Meine richtigen Eltern, die ich nie wieder gesehen habe, hatten mich kurz zuvor bei meinen Hauseltern abgeliefert. Sie waren mit ihnen enger befreundet. Mein Hausvater hatte in Straßburg studiert und dort meinen Vater und meine Mutter kennengelernt, manchmal stelle ich mir vor, er sei in meine Mutter verliebt gewesen, so dass es hätte sein können, dass ich seine natürliche Tochter wäre, aber das gehört nicht hierher und ist, verzeihen Sie, wenn ich unsere beiden Sprachen hier mische, très Kitsch, aber es ist halt eine Kleinmädchenphantasie gewesen. Meine Eltern sind aus Straßburg geflohen, weil man sie dort wegen ihres Namens, der hier keine Rolle außer der eines Fluchtgrunds spielt, schikanierte, verfolgte und verprügelte. Und weil, so haben meine Hauseltern hie und da angedeutet, mein Vater auch mal zurückgeschlagen hat, und zwar so heftig, dass er polizeilichen Untersuchungen aus dem Weg gehen wollte. Denn die Typen, die überm Rhein drüben die Straßen und Läden und Synagogen terrorisierten, wobei es am Anfang noch mit zerbrochenen Scheiben und Schmierereien abging, erst viel später bekanntlich mit Mord und Totschlag und Brandstiftung, diese Typen hatten auch hüben ihre Kumpels. Dass meine Eltern ausgerechnet nach drüben, ins Land ihrer größten Hasser flohen, habe ich nie verstanden'."

An dieser Stelle machte Jean-Jacques, der beim Lesen in eine ihm selber unerklärliche Erregung geraten war, die ihm den Mund trocken machte, eine kleine Pause. Er griff zum Glas, an dem er zuvor nur höflich genippt hatte, und nahm nun einen gehörigen Schluck. Bis jetzt hatte er den Text der Unbekannten mit einer gewissen kühlen Distanz vorgetragen, Frucht auch der parallelen Anstrengung, im Lesen zugleich auch übersetzen zu müssen. Jetzt bekam sein Vortrag fast so etwas wie Feuer.

„‚Aber'", fuhr er in seiner lauten Lektüre fort, „‚aber das lag ganz sicher allein an eben meinen Hauseltern. Sie waren offenbar die einzigen Menschen in der Welt, denen meine Eltern, die gleich weiter nach Prag flohen, wo sich dann ihre Spur verlor, ihr Kind ausliefern wollten und denen sie zutrauten, es, komme was da wolle, durch die Zeiten zu bringen, es zu beschützen – und vor allem: es zu verstecken. Denn das taten meine Hauseltern. Sie hielten mich, das Kind fremder, wenn auch befreundeter Leute, das aus einem fremden Land kam, in ihrem Haus versteckt. Wobei sie offenbar auch schon zu einer Zeit, als Angehörige meines Volkes sich noch halbwegs offen, wenn auch in vielem schikaniert, in der Öffentlichkeit bewegen konnten, mich total vor der Außenwelt verbargen. Entweder sie ahnten und fürchteten, was da noch kommen sollte, oder sie wollten keinerlei Risiko eingehen und kein Kind fremder Leute aus einem fremden Land bei sich sozusagen sichtbar beherbergen. Also fand ich gleich im geräumigen Keller, der sich in der Vorstellung, die sich mein Kinderkopf von ihm machte, fast endlos unter der Erde hinzog wie ein Bergwerksschacht, mein notdürftig hergerichtetes, hinter etlichen Verschlägen verborgenes Zimmer. Dorthin brachte man mir Essen und Kleider. Und nur abends, wenn die ohnenhin kaum frequentierte Straße noch stiller dalag als am Tag, durfte ich nach oben kommen und mit meinen Hauseltern mich unterhalten. Ich erhielt dann auch ein wenig Unterricht in Mathematik und den Naturwissenschaften. In den Sprachen habe ich mich tagsüber lesend geübt. Mein Zimmer da drunten im Keller war ohne großen Komfort, und gewaschen habe ich mich um mehrere Ecken herum in der Waschküche über einem Becken aus Stein, aber meine Klause war immerhin vollgestellt mit Büchern'."

Die Alte räusperte sich und richtete sich ein wenig auf. Und über ihr Gesicht gingen kleine, sanfte Errötungswellen. Der Junge schaute kurz zu ihr hin, um abschätzen zu können, ob das Räuspern etwas bedeutete, ihm eventuell ein Innehalten signalisieren wolle. Aber Fräulein von Holz äußerte sich nicht weiter.

Und Jean-Jacques fuhr fort: „‚Sie, also die Bücher, waren mein wahrer Komfort, mein Reichtum, meine Schätze. Sie bildeten gestapelt regelrechte Türme und Mauern im ewig ein wenig zu feuchten Raum. Und meine Hauseltern schafften auch fast alles, was sie an Büchern besaßen, verbotene und erlaubte, zu mir hinunter. Ich war sozusagen ihre Bibliotheksverwahrerin, die nur in und mit Büchern lebte und sie nicht nur verschlang, um die Zeit und die Jahre hinzubringen, nein, von denen sie förmlich lebte. Sie wurden zu meinen Nahrungsmitteln, allerdings ganz unterschiedlicher Qualität und Kalorienhaltigkeit. So verwahrte ich zum Beispiel Unmengen der Abenteuerbittersahnebaisers des Karl May (immerhin bin ich mit ihm durch den halben Orient und durch den amerikanischen Westen gereist, es war immer so, als habe er einen an der Hand genommen und gesagt: Schau Leser, jetzt reite ich dort hin und ich zeige und erkläre dir alles, und du musst mir nur glauben!). Gekaut habe ich auch die altfränkische, leicht muffige Pathoskost eines Ernst Wiechert und eines Werner Bergengruen, ja, auch den völkisch vequollenen Hefeteig eines Hans Grimm habe ich staunend verdaut, aber habe natürlich die Tollheitskirschen eines Schiller, eines Kleist, eines Hölderlin mir im erhitzten Mädchenkopf aufkochen lassen, habe das zarte luftige Schicksalsschwarzbrot eines Storm, aber auch die teilweise hübsch vergifteten katholischen Desserts von Mauriac und de Maistre, die nach neuestem Fleisch schmeckenden Pasteten von Voltaire, Mirabeau, Flaubert, Maupassant, dazu die geistigen Getränke von Manzoni, Leopardi, Dante, aber auch die blutigen bis zart marmorierten Filets von Shakespeare, Pepys, Görres, Thackeray, Fontane mir auf allen Phantasiezungen zergehen lassen. Und was Liebe sein könnte oder sollte oder ob sie nicht sowieso ganz unmöglich und vergeblich wäre, habe ich bei Heine (auch ein Verbotener) im ‚Buch der Lieder' gelernt. Es war ein grausames, formloses, buntes, eigentlich ganz und gar unmenschliches Durcheinander, das sie mir zum Durchwühlen gegeben haben. Ich habe mich da durchgefressen. Und ich habe in vielen Sprachen und Literaturen herumgelesen, die meisten waren freilich ins Deutsche übersetzt. Aber schon aus Trotz und Selbstachtung und Selbsterhaltung habe ich – denn ich hatte ja auch viel Zeit – vieles, sehr vieles in die Sprache übersetzt, in der ich für mich existieren wollte, deren Klang und Form und Geist meine Heimat war und blieb: das Französische. Das war ich meinen Eltern schuldig.'"

Die Alte begann an dieser Stelle ganz unvermittelt so erregt in kurzen Stößen zu atmen, dass es einem Schluchzen mehr ähnelte als einem Luftholen. Jean-Jacques hielt erschrocken inne. „Nein, nein, machen Sie weiter, junger Mann!“, befahl Frau von Holz.

„„Ich wurde von meinen Hauseltern zwölf Jahre lang, also bis ich vierundzwanzig und der Krieg dann endlich vorbei war, wie eine Gefangene und also vor der Außenwelt vollkommen versteckt und verborgen im Keller gehalten – um mein Leben zu retten. Diese Rettung war eine einzige, große Qual. Ein Horror. Ein Selbstzuchthaus. Ein einziger großer Verzicht. Und aber auch ein Glück. Denn ich lebe ja noch. Das geschah aber von Anfang an unter der allerstrengsten Auflage und Bedingung, dass ich da mitspiele, dass ich mich nicht zeige, mich nicht muckse, nicht laut gebe. Können Sie sich vorstellen, was das für einen jungen Menschen bedeutet, der eigentlich gerade damit anfangen müsste, die Welt da draußen unter die Füße zu nehmen und sie mit seinen Gefühlen, seinen Wünschen, seinen Tollheiten und Empfindungen zu konfrontieren? Der gerne Rad gefahren, tanzen und schwimmen gegangen wäre? Der sich gerne in der Gesellschaft einer Schulklasse behauptet und durchgesetzt hätte? Der gerne sich verliebt hätte? Küsse gegeben und empfangen hätte? Und irgendwann mit einem Jungen geschlafen hätte? Ich habe in dieser Zeit von all dem nicht nur nichts gewusst, sondern es nur in Bücherpapier eingewickelt vorgesetzt und also alles, vom Tanzen bis zum Radfahren und zum Küssen und zum Sex, völlig unanschaulich und im Grunde als völlig Unbegreifliches vermittelt bekommen. Alles mich womöglich persönlich bis ins Innerste Erschütternde – nur immer angedeutet, zwischen den Zeilen verborgen! Das Intimste und formlos Strömende und Fließende nur als Stil, als festes Druckbild und als Papierform. Was habe ich nicht alles gelesen! Und wie gerne würde ich das, was ich las, gelebt oder wenigstens zu leben probiert haben! Das Leben aber fand für mich nur auf Papier statt. Jetzt haben wir ja die sechziger Jahre. Jetzt fangen sie damit an, aus Intimitäten Bücher zu machen, so wie ich mir das früher gewünscht und nie zu träumen gewagt hätte. Das Papier will partout Leben sein. Aber trotzdem kommt es mir vor, als verwechselten sie dauernd das Leben mit der Literatur und umgekehrt. Und wenn ich heute einen Kuss in allen Feuchtschattierungen und Sensationsempfindungen beschrieben bekomme, scheint er mir papierener als die diskreteren, alles nur andeutenden Papiere früher. Es sind verrückte Zeiten. Und ich denke, sie werden noch verrückter. Und sie langweilen mich unsäglich. Ich werde, glaube ich, nie bekommen, wonach ich mich sehne.'"

Die Alte, vibrierend unter einer Art von Schüttelfrost, der ihr kurzatmiges Luftholen begleitete, hatte jetzt Tränen in den blinden Augen. „Soll ich eine Pause machen, Mademoiselle?" fragte Jean-Jacques. „Nein, Monsieur, fahren Sie fort, um Gottes Willen, fahren Sie fort, lesen Sie! Das Schlimmste kommt ja noch, wenn ich mich richtig erinnere. Los, Courage, junger Mann!", verlangte sie mit zitternder Stimme, die seltsam komisch mit der „Courage" kontrastierte, die ihr ja auch nur bebend über die Lippen kam.

Der junge Mann nahm den Faden wieder auf: „Also, wo waren wir? Ah, ja, hier ist die Stelle". Und mit erhobenerer Stimme las er weiter: „‚Ja, auch ich selbst fand eigentlich auch nur auf Papier statt: Nur indem ich las, existierte ich.

In jeder Frauen- oder Mädchenfigur, die ich mir da erlas, musste, nein durfte ich mich ein wenig wiederfinden. Immer aber nur im Kopf, im Ausgedachten, Phantasierten. Nie im Vergleich und in Konflikt oder Reibung zu irgendeiner Wirklichkeit da draußen. Am liebsten aber hatte ich die Melusine aus dem ‚Stechlin'. Ein tolles Mädchen, eben auch eine im Grunde Unterirdische, die in Grüften und im Geheimnisvollen zu Hause ist und vor der im richtigen Leben alle ein wenig zurückzucken. Da es im Keller keine Spiegel gab und meine Hauseltern nur in ihrem Schlafzimmer offenbar einen großen Spiegel hatten, ich aber dieses Zimmer nie betreten durfte, hatte ich auch kein Bild von mir – außer dass ich in der einen oder anderen Fensterscheibe nebenbei und sehr undeutlich und schattenhaft mich habe spiegeln können. Also habe ich mich statt zu sehen einfach immer nur gespürt: Ich habe mich oft stundenlang mit meinen Händen abgetastet, wie eine Blinde. Bin jeder Kontur meines Kopfes, meines Körpers nachgefahren – und habe mir so über die Jahre hin ein Folge von Blindbildern von mir angefertigt, im Geiste. So spürte ich, wer ich war, ich wusste es aber nicht, denn ich sah es nicht. Dass meine Brüste größer, meine Hüften breiter, meine Beine länger wurden – das habe ich nicht sehend kontrollieren und darüber staunen und mich freuen können. Das habe ich alles nur erspürt. Und dass ich dann an jenem Tag, an dem Sie mit Ihrem Leiterwägelchen vor unserer Tür aufgetaucht sind und nach verbotenen Büchern gefragt haben, wobei ich bis zu diesem Zeitpunkt gar nicht gewusst oder auch nur geahnt hatte, dass es das gab, verbotene Bücher, denn was sollte in ihnen schon zu verbieten sein, man kann ja die Phantasie kaum verbieten, sie ist eben da oder nicht da, dass ich also an jenem Tag in einem Anfall von Neugier und der übermächtigen Sehnsucht, wenigstens einmal nach draußen schauen zu dürfen, die Kellertreppe hinaufgegangen bin, die Tür zum Flur aufgemacht und Sie angeschaut habe, hat meinen Hauseltern dann einen gewaltigen Schrecken eingejagt und meine Hausmutter in Tränen ausbrechen lassen. Sie wussten ja nicht, was es mit Ihnen auf sich hatte, in wessen Auftrag Sie kämen und ob Sie nur auf verbotene Bücher aus wären (und zu welchem anderen Zweck, als sie den Verbrennern und Verbrechern auszuliefern?) oder ob Sie spionieren und denunzieren wollten. Es gab damals so viele, die denunzierten. Noch Wochen danach gerieten sie in Panik, wenn sich jemand dem Haus näherte, den sie nicht kannten. Es ging gut. Sonst hätte ich diesen Brief, der meine kurze Lebensgeschichte enthält, die sich in Ihrer kleinen Stadt abgespielt hat, nicht schreiben können.‘“

Jean-Jacques schob das Blatt, das er gerade fertig vorgelesen hatte, hinter die anderen und meinte dann: „Was jetzt kommt, wird wahrscheinlich ein wenig schwierig zu lesen sein, Mademoiselle, denn die Tinte ist hier oft verwischt, ich werde mir natürlich große Mühe geben, garantiere aber für nichts!“ – „Oh ja, ich weiß, junger Mann, will sagen, ich kann es mir vorstellen, da sind früher halt Tränen drüber geflossen. Aber lesen Sie, um Gottes Willen, lesen Sie, machen Sie weiter!“

Und der Vorleser hielt sich das Papier mit den Stellen, an denen die Tinte verwischt war, näher an die Augen. Es war für ihn, der ja gleichzeitig auch noch zu übersetzen hatte, eine doppelte Anstrengung. Und dann fing er wieder an, langsamer und zögernder, aber er geriet doch wieder, so aufnahmegescheit und rasch im Begreifen, wie er war, in den Fluss der Erzählung.

„Und dann sind Sie plötzlich wieder vor der Tür gestanden. Vorgestern. Nach dreißig Jahren. Und haben mich nicht erkannt. Dabei habe ich in all den Jahren, als ich in diesem Hause versteckt war, dauernd an Sie denken müssen: Ein Mädchen, ungefähr gleich alt wie ich, steht vor unserer Haustür und will Verbotenes mitnehmen. Was hätten Sie gesagt, damals, wenn ich auf Sie zugegangen, nein, zugestürmt wäre und Ihnen gesagt hätte: Nehmen Sie, pardon, damals wären wir in unserem Mädchenalter wahrscheinlich noch einfach per Du gewesen, also nimm mich auch mit, denn ich bin auch eine Verbotene?! Ich will raus hier aus meinem Keller. Ich halte das nicht mehr aus. Was hätten Sie mit mir gemacht? Hätten Sie mich auch versteckt? Hätten Sie mich ausgeliefert, gemeldet, denunziert, bei den zuständigen Stellen? Oder hätten Sie auch nur wieder einen Keller für mich gehabt? Oder eventuell ein ganzes, großes, schönes, verstecktes, verwunschenes Haus nur für mich allein – oder gleich für uns beide? Wie aber hätten wir die Zeit hingebracht in unserem Mädchenmärchenhaus? Auch nur mit Büchern, nur mit Lesen? Oder mit Leben? Hätte es dort einen Spiegel gegeben? Hätte ich mich dort sehen können? Und hätten Sie dort manchmal meine Hand gehalten oder mich umarmt? Denn was eine Umarmung hätte sein können, habe ich ja dann nur aus Büchern erfahren beziehungsweise nicht erfahren, sondern gelesen. Denn je mehr Bücher mir meine Hauseltern mir zukommen ließen, desto weniger mussten sie sich um mich kümmern. Sie haben mein Leben gerettet, aber waren so sehr mit der Organisation der Rettung, mit dem Versteckspiel, das im Krieg immer schwieriger und riskanter wurde, beschäftigt, dass sie sich mit mir als einem Mädchen, einer jungen Frau, einem Menschen kaum beschäftigen konnten. Ich war für sie ein ‚Fall', kein Mensch. Eine Umarmung, ein Streicheln, überhaupt eine körperliche Berührung war da nicht vorgesehen. Ja kaum einmal ein richtiges Gespräch. Ich sprach mit mir selbst – oder aber mit den Figuren aus den Büchern, die ich allesamt laut las. Damit ich meine Stimme nicht verlernte. Ich war wohl das belesenste weggesperrte Menschentier aller Zeiten (bitte verzeihen Sie mir diese Übertreibung, aber sie überspitzt nur, um zu verdeutlichen).'"

„Pauvre jeune fille", murmelte Jean-Jacques, und das erregte kleinteilig-hastige Schnaufen der Alten hatte sich in ein kaum wahrnehmbares Schluchzen verwandelt. Und der Junge holte Atem, um den Anlauf zu nehmen zum Parcours durchs letzte Blatt mit der grünen, hie und da verwischten Frauenhandschrift.

„‚Immerhin war ich so sehr der Fall meiner Hauseltern, dass diese liebevollen Lieblosen mir nach dem Krieg, den sie nur um ein Jahrzehnt überlebten, ihr Haus und Gut vermachten. Das hat mir sehr geholfen. Das war mein Anker. Meine zweite Rettung. Abgesehen davon, dass ich in diesem nun meinem Haus nie mehr in den Keller gegangen bin, dass ich ihn habe zumauern lassen, weil in ihm meine ganzen Jugendjahre begraben liegen, wurde es nun zur schützenden Hülle um mein zweites Leben. Denn nachdem ich, immerhin im Alter von vierundzwanzig Jahren, nach dem Krieg wieder aus meinem Versteck in die Welt hinaus durfte, musste ich das, was für andere als allernotwendigste Lebensübungen selbstverständlich war, erst noch lernen. Es war ein Schock, nein, eine ganze Folge von Schocks. Ähnlich einem Kind, das gehen und sprechen lernt, lernte ich zum Beispiel, wie man sich im Straßenverkehr bewegt, wie man einkauft, wie man zu jemandem redet, von dem man etwas möchte – und zwar so, wie es nicht in den Büchern stand, sondern so, dass es in die Gesellschaft passte, in die ich mich finden musste, ob ich wollte oder nicht. Es war oft grotesk, oft auch peinlich. Ich wirkte auf die meisten Leute mit meinem geschwollenen Gerede und den aus der Literatur entlehnten Floskeln, als sei ich von einem fremden Planeten auf die Erde gefallen. Meine Bewegungen waren unbeholfen, meine Gesten verkrampft. Mein erster Kuss, da war ich gerade fünfundzwanzig geworden, artete in eine Katastrophe aus, weil ich das halb geöffnete Lippenpaar, das sich da meinem sehnsuchtsvoll näherte, als ungeheur komisch empfand und ich in ein furchtbares Gelächter fiel, was den amerikanischen GI, der mich da im Arm hielt, derart durcheinander brachte, dass er nur ‚You are really mad!' stotterte und das Weite suchte. Ich stand nicht nur neben aller Welt und aller Gesellschaft, ich stand auch neben mir. Und ich habe eigentlich nie mehr zu uns beiden gefunden: zur Welt und zu mir. Wir blieben einander herzlich fremd. Dass Sie aber vorgestern vor meiner Tür standen, hat mich doch sehr bewegt. Denn wenigstens ein kleiner Teil von mir hat mit Ihnen ja zu mir zurückgefunden, auch wenn Sie mich nicht wiedererkannt haben. Ich danke Ihnen.'"

Jean-Jacques war am Ende angekommen. Er holte tief Luft und wollte eben nach dem Glas greifen, um sich einen

Schluck zum Schluss zu genehmigen, als ihm plötzlich die unheimliche Stille auffiel, die sich im Salon ausgebreitet hatte. Das kurze Schnaufen und das leise Schluchzen der Alten hatte aufgehört. Ein spätnachmittägliches goldfarbenes Dämmerlicht lag über der Szenerie. Als er aufschaute, sah er, dass der Körper der Alten in den Fauteuil zurückgesunken war. Der kleine, schmale lichtumflorte Kopf, leicht auf das Rückenpolster gesunken, hatte einen friedlichen Ausdruck. Die blinden Augen, um die herum noch ein paar letzte Tränen trockneten, schauten unverwandt und starr in irgendwelche Fernen. Die kleine Spanierin war hereingehuscht, um nach dem Rechten zu sehen. Als sie ihre Herrin so sitzen sah, schrie sie kurz auf und schlug ein Kreuzeszeichen. Dann fuhr sie der Alten sanft übers Gesicht und schloss ihr die Augen.

Intermezzo VI: Hölle, Kopf und Tuch

Der Lehrerin, die heute wieder, wie sonst auch immer, in kurzem, flottem Rock, eleganten Pumps und lockerer, kurzärmeliger Bluse das Klassenzimmer des Gymnasiums, irgendwo im bürgerlich Deutschen gelegen, betrat, fehlten die Worte. Zwar ging sie entschlossen zum Fenster neben ihrem Pult, das sie ebenso entschlossen aufriss, um frische Luft in den Miefmix aus verbrauchter Luft, schwerem Schweiß, leichtem Parfüm und modernden Pausenbroten zu lassen. Auch gelang ihr ein entschiedenes „Guten Morgen!" samt einem freundlichen „Setzt euch!", was allerdings wenig nützte, weil die Schüler, die standen, wenig oder nur sehr verzögert Anstalten machten, sich zu setzen, und diejenigen, die schon lümmelnd sitzen geblieben waren, sich davon wenig beeindrucken ließen.

Aber dann, bevor die Lehrerin noch ihr Lehrbuch aufschlagen und mit dem Unterricht beginnen konnte, erhob sich eine von fünf muslimischen Schülerinnen, die allesamt erst brav gehorchend aufgestanden und sich dann brav gehorchend wieder gesetzt hatten: eine Insel des Gehorsams und der Disziplin in der Meute der Disziplinlosen. Alle fünf Mädchen trugen das streng um Frisur und Kopf gebundene Tuch über dem sonst ganz mit Stoff umhüllten Körper. Die Aufgestandene aber schien diese religiöse Kostümierung der Strenge noch strenger als die anderen zu zelebrieren. Und sie sorgte mit einem Schlag für das, wofür die Ankunft der Lehrerin zu sorgen nicht hingreicht hatte: nämlich für atemlose Stille. Durch eine Prophezeiung, die einem Fluch durchaus nahe kam. Sie hielt der weiblichen Lehrkraft, die, wie gesagt, noch gar nicht versucht hatte, mit ihrem Unterricht zu beginnen, eine präludierende Verdammungspredigt: Sie, die schamlose, ungläubige Pädagogin, werde dereinst samt Rock und Bluse in der Hölle schmachten, während sie, die züchtige Rechtgläubige, der Freuden des Himmels teilhaftig werde. Basta. Punktum. Und setzte sich wieder. Gemurmel und leises, höhnisches Gelächter unter den Mitschülern, die gespannt auf die Reaktion ihrer Lehrerin warteten.

Statt nun aber mit einer Antwort zu parieren, die sich eine derartige Frechheit und eschatologische Anmaßung strikt verbäten und diese eventuell damit pariert hätte, dass darin ja eine Beleidigung der möglichen oder auch nur vermuteten christlichen Religion der Lehrerin liegen könne, fehlten dieser vollkommen die Worte. Ganz zu schweigen vom Vermögen, derartige fundamentalistische Aufschneiderien ins Witzige umzubiegen, so à la: „Aber unsere Hölle, in der sich ja die interessantesten Leute versammeln, ist viel amüsanter als euer Himmel, in dem durchgeknallte, dumpfbackig eiskalte Mörder in Märtyrermasken sich mit siebzig Jungfrauen herumquälen müssen, was ja auch eine interessante Strafe ist."

Statt dessen stotterte die so offen- wie gutherzige Lehrkraft langgezogen und im liberal-toleranten Singsang etwas von „Ja guuut, okaaay, okaaay, so kann man das natürlich sehen". Sie hatte dem Angriff aus einem bombenfesten Glauben heraus nichts Eigenes entgegenzusetzen.

Offenbar nicht einmal mehr den Glauben ans Pointenlicht der Aufklärung. Was ihr allein zu Gebote stand, war der feste Glauben daran, dass alles gleich gültig – und also völlig wurscht ist. Auch schloss sie danach schnell wieder das Fenster.

Die Frau mit dem Apfel

So totenstill lag die Vorstadt mit ihren Häusern und Gärten an diesem Maimorgen, als habe sie sich in die rosafarbenen Lichtschleier, die einen fernen Sonnenaufgang nur erst versprachen, eingewickelt wie in ein Leichentuch. Zwei penetrante Töne zerrissen es schließlich: einerseits der scheppernde Glockenschlag zur vollen Stunde von der Französischen Reformierten Kirche her, der sich an den Häuserwänden brach; andererseits ein pausenloses, vogelwildes „Kuckuuukuckuuukuckuuu". Den Glockenschlag überhörte der Herr, der ein dramatischer Dichter war, als er aus dem Schlaf gerissen wurde. Dafür lag ihm der Kuckuck schwer im Ohr. Was er an diesem Morgen aber mit einem stillen „Gott sei Dank!" quittierte. Ein bisschen wunderte er sich schon, dass ihm die übliche Pein heute geradezu eine Erleichterung war. Aber dann schickte er der Pein noch einmal ein „Danke!" hinterher, während er sich halb aus seiner Steppdecke wurstelte.

Denn der Kuckuck nervte an diesem Maienmorgen zur rechten Zeit. Zwar war es erst vier Uhr in der Früh'. Und der „Terzenscheißkerl", wie der normalerweise um diese Zeit noch sehr schlafbedürftige Dramatiker den penetranten Sänger zu verfluchen pflegte, hatte mit seinem wie wahnsinnig repetierten Tonfall vom eingestrichenen G hinab zum eingestrichenen Es die aus tiefstem Morgenschlaf gepfiffenen Nerven des Dichters in den vergangenen Tagen arg strapaziert. Abgesehen davon, dass der Vogel alleweil tonmäßig viel zu tief gerutscht war und den klassischen Kuckucksruf vom höheren C zum eingestrichenen A völlig außer acht ließ. Oder ihn einfach nicht hinkriegte.

Zudem hatte sich der noch junge Scheißkerl tagsüber auf einer Bank unter einem voll erblühten, gewaltig in die Höhe wuchernden Traubenkirschenstrauch in des Dichters Garten niedergelassen. Wenn er aus dem Fenster seines Arbeitszimmers schaute, konnte er Bank und Vogel gar nicht übersehen. Den dramatischen Dichter überkam in den letzten Wochen oft eine geradezu groteske Schaulust. Er benötigte einen, wie er das für sich etwas überspannt nannte: „Seh-Auslauf". Und musste dementsprechend oft da hinaus ins Blühende, Wachsende, Gedeihende, glücklich Duftende schauen.

Denn er hatte über einem soeben fertiggestellten dramatischen poetischen Stück über Tote erst übermäßig lange gegrübelt, dann hatte er es mühsam geschrieben, in Schüben, zu denen er sich förmlich zwingen musste. Und die Schreibbegeisterung, die Lust, ein weißes Blatt Papier mit erfundenem Leben zu füllen, eine Lust, die ihm für seine Arbeit unabdingbar war und die in den letzten Jahren immer seltener über ihn kam – diese Lust hatte er sich diesmal förmlich einreden müssen. Er musste sich da alleweil am „Portepée meines Eros reißen". Wobei er natürlich genau wusste, dass man sich ans Portepée fasst und nicht daran reißt, denn ein Reißen hätte die schmückende Quaste an der Seitenwaffe eines Offiziers, woher das Wort ja schließlich kommt, schwer beschädigt und den Träger in disziplinarische Konfusion gestürzt, während der höhere Militär, der daran manierlich nur fasst, sich sozusagen innerlich aufrichtet.

Unser dramatische Dichter leistete sich diesen Übermut im Sprichwörtertausch womöglich auch deshalb, weil ihm in Wahrheit mehr nach Konfusion als nach innerer Ordnung war. Aber selbst das übermütige Reißen schien ihm am Ende eigentlich als eine müde, trübe Geistesübung, erbracht in künstlich erregter Disziplin, die nur eine adrettere Zwillingsschwester der Konfusion war. Es hatte etwas Mechanisches. Und wenn er ehrlich war, dann riss er nicht am „Portepée meines Eros", sondern rief sich einfach dauernd verzweifelt zu: Hab' dich nicht so! Weswegen er sich mit den Erholungsblicken in den frühlingsfrischen Garten belohnte, wenn er sich mal wieder zuvor ein bisschen zusammengerissen hatte.

Zudem ging es in seinem Totenstück um komplizierte, undeutliche Leute, die im Jenseits so unglücklich blieben, wie sie es im Leben waren, in dem sie sich alleweil fürs Falsche und vor allem für die Falschen entschieden oder überhaupt nie für irgend etwas entscheiden konnten. Schon deshalb kam ihm jedweder lieb- und erholungsreiche Kontrast doppelt zupass. Und wenn er dann sich seinen Erholungsblick gönnte, sah er sofort den Kuckuck.

Der Vogel behauptete seinen Platz auf dem Rand der Rückenlehne der Gartenbank wie ein großmäuliger, keinerlei Widerspruch duldender Imperator. Und er hielt da großspurig Hof, indem er den Schnabel derart aufriss, dass man ihm tief in den dunkelrosé gefärbten Schlund sehen konnte. Wo hinein ein wie um sein Leben rennendes, schuftendes und rackerndes Amselpaar unaufhörlich Larven, Käfer, Körner, Würmer, Mücken und dergleichen warf, die es im Dichtergarten aus Gras und Krume und Rinde und Borke herbeischaffte. Der asoziale Schmarotzer hatte das sozial sich bis zur Erschöpfung für den Kuckuck aufopfernde Amselpaar, das den ihm ins Nest geeierten Eindringling vogelnaturgemäß für etwas Eigenes hielt, völlig unterworfen. Was den ganz und gar unnaturalistischen Dichter heimlich zu halb bissigen, halb amüsierten sozialstaatskritischen Sottisen animierte, die er aber gleich wieder schamhaft unterdrückte (man war schließlich Humanist!).

Heute morgen aber nervte der Kuckuck zur rechten Zeit. Denn er rettete den Dramatiker. Durch des Vogels Penetranz nämlich war er aus einem Albtraum erwacht. Der ihn in letzter Zeit fortgesetzt plagte. Und ihm sein ganzes Wachleben insofern verdarb, als er ihn zwang, auf es mit einigem Schaudern zurückzublicken. „Scheißvogel, oh du mein Glück“, brummte er also zynisch mit pelzigem Mund. Er griff nach seiner dicken Hornbrille mit den dicken Gläsern, hinter denen nie zu erkennen war, welchen Ausdruck seine Augen hatten, setzte sich auf den Bettrand, fuhr mit der rechten Hand durchs strubbelige, aber weder durch Kamm noch durch Bürste zu bändigende graumelierte Haar. Dazu schob er sich rein gewohnheitsmäßig und völlig gedankenfrei die kurze Tabakpfeife in den Mund, die er am Vorabend auf dem Nachtkästchen abgelegt hatte, nachdem er an der Erkalteten und nach vorzüglichen leichten und ziemlich teuren Virginiatabaken Riechenden noch ein paar saugende Mundbewegungen sich gestattete, was der starke Raucher als sein „Betthupferl" betrachtete („Andere lutschen Pralinés, ich lutsche Pfeife").

Nun aber stierte er halb erst wach in die Schlafstubendämmerung, in der ihm sein Albtraum wie eine Geistererscheinung vor Hirn und Augen verschwimmend nachzuzittern schien. Die Hauptrolle, besser gesagt: die Hauptnebenrolle im Albtraum des dramatischen Dichters spielte ein unendlich dicker Russe. Dieser Mächtigkeitskerl hatte des Schriftstellers Badezimmer in Beschlag genommen und seine gewaltig schwabbelnde Ganzkörperblöße hinter einem lächerlich kleinen Handtuch weniger verborgen als offenbart. Wozu er sein riesiges Gebiss zu einem bleckenden Grinsen verzog. Im übrigen aber verwehrte er dem Hausherrn den Zutritt zum Bad so energisch wie böse und spielte den Tyrannen, der über Dusche und Wanne herrschte. Der Dramatiker nahm den Riesenrussen als Besatzer in humorvoll grübelnder Selbsttraumdeutung noch oberflächensportlich: Er hatte wohl in Vorbereitung für sein Toten-Stück zu viel Dostojewski gelesen. Woher denn auch sonst sollte der Russe in sein Badezimmer gelangt sein?

Außerdem hatte der Riesenrusse drei Frauen bei sich. Alle drei ebenso groß und riesig wie der Russe. Alle drei kaum weniger spärlich bekleidet, die Brüste orangen geschminkt, um ihre Nabel war jeweils eine Sonne mit blauen Strahlen gemalt. Was ihnen etwas hexenhaft Groteskes verlieh, aber weder dem Russen noch dem ausgesperrten Poeten viel ausmachte. Die drei Hexenhaften schienen sowohl dem träumenden wie dem geträumten Mann erregungslos normal. Wenn sie sich auch in überlebensgroßen Gestalten präsentierten. Wozu der Russe – seltsamerweise auf deutsch und dazu noch mit hessischem Dialekteinschlag – aus einem alten expressionistischen deutschen Gedicht („Die Hymne des Maropampa") mit rollendem Rrrrr zitierte: „Auf Kuba habe ich den Bauch der Häuptlingsweiberrrr mit den frrrrrressenden Sonnen Astarrrrrtes bemalt". Höchstens die Ortsangabe „Kuba" brachte den albträumenden Dichter ins Grübeln. Die „Häuptlingsweiber" hingegen machten ihm nichts aus.

Die drei Frauen aber waren seine drei Ex-Gattinen, die er „hinter mich geschmerzt habe". Keine hatte er halten können. Er hatte sie nicht „hinter mich gebracht". Er war ihnen aus Herzen und Seelen und Armen gerutscht „wie ein nasses Stück Existentialseife", wie er es dichterisch zu umschreiben und also auch zu rechtfertigen versuchte. Er war überhaupt ein großer Aus-der-Welt-Faller, ja, ein sich selbst manchmal furchtbar werdender Weltabweiser. Noch in schönheitstrunkenster Umgebung, an den sensationellsten Bellevue-Plätzen südlicher Seen zum Beispiel, wo sich die Lieblichkeiten geradezu üppig Rendezvous geben und jedes normal empfindende Auge sinnlich kaum satt zu kriegen ist, konnte er in einem Anfall von Unmutsübermut sich völlig davon abwenden. Und „Ich will das nicht!" sagen und denken. Und wie ein Dirigent, der ein großes Symphonieorchester mit einem Schlag zum Schweigen bringt, eine kurze schnelle Abwehrgeste machen. Und das Bild auf eine Art für sich ungültig machen, dass es ihm zwar schon als eine Schande vorkam. Aber eine Schande, die er genoss. Denn er hatte eine große Begabung und eine immense Lust zum Unglücklichsein.

Und sein ständiger Albtraum, in dem ihn die vom Riesenrussen womöglich abgerichteten und für den hexenhaften Schreckensauftritt dressierten drei exotisch bemalten Ex-Gattinnen heimsuchten, schien ihm jetzt wie eine allzu gerechte Quittung für diese Begabung. Denn hatte er nicht allen drei Frauen gegenüber, bewusst oder unbewusst diese Abwehrgeste gemacht, ihnen dieses „Ich will das nicht!"-Gefühl gegeben – und nicht nur im einen oder anderen besonderen Fall, sondern lebens- und liebesgrundsätzlich? Und war er in den Augen seiner Frauen wenn nicht als ganz und gar Gefühlloser, so doch seine Gefühle furios zum Schweigen bringender Mann erschienen? Wogegen er aber, so verliebt ins Unglücklichsein wie er war, nichts unternahm.

Schon als Kind, als er noch kaum den Griffel halten konnte, mit dem er später schreibend Karriere machen sollte, fühlte er Riesenkräfte in sich wachsen, als er entdeckte, wie viel Mut und wieviel Hochmögenheit, die man naturgemäß auch als „Arroganz" buchstabieren mochte, wenn einem von Eltern- oder Lehrerseite aus nichts anderes dazu einfiel, zum Unglücklichseinwollen gehörte. Was an Glücksversprechungen auf der Hand lag, musste man nur bewusst aus eben dieser Hand fallen lassen. Man durfte, ja musste da auch die schweren Türen, die auf Lebens- und Liebeswege hinausführten, ins Schloss werfen. Hernach, nach dem Knall, den eine derart zugeworfene Tür erzeugte, musste man nur noch mit Schicksalskreide ein „Unwiederbringlich" auf den Türbalken schreiben, um damit den Verlust der allerletzten Chance stolz zu signieren – auch wenn noch dem Stolzesten in solchen Fällen zum Heulen zumut sein mochte. Dieser Dichter jedenfalls hätte sich jederzeit auch ein Schild um den Hals hängen können, auf dem stehen könnte: „Mir ist nicht zu helfen, bitte."

Jetzt gerade aber machte der Kuckuck draußen irgendwo in den noch morgendunklen Bäumen das erste Dutzend seiner nerv- und gemüttötenden Terzerei voll. Und der traumtrunkene Dramatiker fingerte mit einer vom Schlaf noch halbtauben Hand die gepressten Virginia-Bündel aus der Tabaksdose, die er ohne Licht machen zu müssen auch im Halbdunkel auf einem kleinen Beistelltisch in Nachtkästchennähe fand. Nach der allfälligen fingerflinken Aufdröselung und Zerkrümelung der Pressbündel auf einer am Nachtkästchen montierten Metalloblate stopfte er sich eine allerdings geradezu pervers frühe Morgenpfeife, nach der sein sich süchtig in kleinen nervösen Saugbewegungen übender Mund schon seit dem rettenden Erwachen verlangte. Und währenddessen dachte er, dieweil der Riesenrusse und seine drei Ex-Frauen noch immer vor seinen Augen umhergeisterten und von ihm außer dem Pfeiferauchen seltsamerweise auch noch eine Entscheidung zu verlangen schienen, einfach das Wort „Geburtsfehler". Als sei der Geistertanz der drei Albtraumgrazien und ihres Dompteur-Russen auch eine Art nächtlicher Gerichtstag über des Dichters Ich.

Denn das stolze Unglücklichseinwollen, schoss es ihm geständig durchs Hirn, wäre ja auch als Geburtsfehler seines Charakters zu fassen, der sich im Grunde nie richtig entscheiden konnte, weder im Leben noch auf der Bühne, weder für eine Frau noch für eine Szene noch für eine Figur noch für eine Sprache. Bringe aber diese Unentschiedenheit als eine Art perfekter Unglücksentschiedenheit zum paradoxen Beschluss. Was und wie er nämlich selbst lebte und was er als Gestalten zu Papier brachte, das litt Höllenqualen, aber war unheimlich stolz darauf: Wenn es drohte, gut auszugehen – möge Gott oder der Teufel das verhüten! Er und seine Figuren: lauter Willkürsklaven seines Unvermögens, die richtigen Dinge zu tun (außer Pfeife zu rauchen). Weil er sie als falsche haben wollte.

Weshalb auch seinen aus allen Entschiedenheitswelten gefallenen Stücken, sofern sie von Lebenden handelten, etwas derart Schwebendes, Undeutliches, komisch in der Sprachluft Hängendes, Willkürunrichtiges anhaftete, dass das von den Bühnen und den Leuten, die Geld dafür zahlten, um sich das anzuschauen, paradoxerweise eine große Zuneigungsentschiedenheit erforderte. Was in seinem Fall geradezu einer Verrücktheit, ja einer schicken Übergeschnapptheit gleichkam. Man musste sich zu ihm bekennen. Oder es bleiben lassen. Seitdem jenes nicht mehr Saisonmode war, und seitdem auch die drei Frauen aus seinem Leben verschwunden waren, und das war auch schon wieder eine kleine Weile her, wurden seine Lebenden-Stücke kaum noch gespielt. Weshalb er sich jetzt auch den Toten zugewandt hatte. Im Jenseits war ja alles möglich und das Unentschieden dort der wahrscheinlichste Spielstand.

Und dass das große Schauspielhaus der Stadt, deren wundersamster und – vor allem wegen seiner drei Frauen, weniger wegen seiner Stücke und Bücher – auf den Boulevards und in den Cafés umrauntester Bewohner er war, jetzt gerade von ihm das Stück über die Toten und ihr Jenseits wollte, wo alle Bühnenwelt aktuell nur nach „Leben!" und „Gegenwart!" und „Diesseits!" schrie und am liebsten auf Märkten und Gassen und Flüchtlingsheimen sich verlaufen wollte; und dass der berühmte Schauspieldirektor ihn, den schon lange nicht mehr Gespielten, geradezu damit belästigt und permanent angefleht hatte, an diesem Stück dranzubleiben und ihm die besten Akteure seines Hauses und den angesagtesten jungen Regisseur für die Uraufführung versprochen und man soeben mit den Proben angefangen hatte (zu denen man aber den Autor höflich, aber bestimmt auslud, denn man wollte mit seinem „Material", wie der junge Regisseur sich ausdrückte, „machen, was wir wollen") – das alles erschien dem dramatischen Dichter geradezu als eine Entschiedenheitshölle. Der er nur dadurch entkommen war, dass er sich nicht dazu entschieden hatte, sich nicht zu entscheiden. Und also unterm Strich für ihn alles im Ungefähren blieb, auch wenn dies Ungefähre zum halbwegs Endgültigen hin, also zu einer Uraufführung tendierte.

Auch als er von Gefahren hörte, die jeden entschiedenen dramatischen Dichter auf alle Palmen getrieben hätten, und also von gewöhnlich bestens über Theaterinterna unterrichteten Leuten zugewispert bekam, der junge Regisseur seines Totenstücks habe die Hauptrolle, einen im Suff gestorbenen Clochard, der im Styx, dem Totenfluss, nach dem großen Nichts angelt, bevor er seine tote Tochter und deren toten Verlobten trifft, nicht mit einem Schauspieler, sondern mit einem achtzylindrigen Jeep Cherokee besetzt, den das größte in der Weltstadt ansässige Autohaus dem Schauspiel gesponsort habe, einen Jeep übrigens, in dem am Ende ein Hausschwein im Papsthabit (also ganz in Weiß) gekreuzigt werden würde – auch als er von all solchem obszönen Wahn- und Schwachsinn hörte, entschied er nichts. Wenn schon Unglück, dann richtig, sagte er sich. Und er freute sich geradezu darauf. Dabei bestand seine Freude in diesem Fall aus einer großen Gleichgültigkeit, die ein fremder Beobachter als Gelassenheit hätte bewundern können, wenn sie nicht so völlig unempfindlich gegen alle Verluste gewesen wäre. Aber er hatte schon lange keine Tränen mehr. Schon als Kind weinte er nicht. Er schrieb lieber auf, was ihn schmerzte. So ersetzte er Tränen durch Wörter und Sätze.

Nachdem er eine Zeitlang nach Streichhölzern getastet und gesucht und sie schließlich gefunden hatte und sich dabei, schmerzfluchend, den kleinen Zeh des rechten Fußes am Bettpfosten blutig stieß, setzte er, unrasiert noch und im Pyjama, seine Pfeife in Brand und vertrieb mit den ersten dichten Tabakrauchschwaden zwar den nackten Russen und seine drei expressionistisch bemalten Ex-Weiber aus seiner Vorstellung; er verrauchte seinen Albtraum sozusagen in der Pfeife. Aber der Eindruck blieb: eines G'wissenswurms, besser dreier G'wissenswürmer. Die an ihm nagten.

Zwar hatte er ehrenmannhaft der Versuchung widerstanden, aus seinen drei Ehe-Katastrophen drei Stücke und seine Verflossenen zu Bühnenfiguren zu machen. Aber er fühlte doch das unauslöschliche Lebensdrama, das sie mit ihm spielten beziehungsweise er mit ihnen aufgeführt hatte. Und er war und blieb darin der Narr. Der Mann mit der Schellenkappe, die nach zu vielen Seiten ihre Glöckchen baumeln ließ, als dass sich daraus der Entschiedenheitsklang einer Zuneigung oder gar Liebe ergeben hätte, auf die Frauen wie Irina, die erste, Mascha, die zweite, und Olga, die dritte, einen Anspruch hatten erheben dürfen.

Vielleicht, fiel ihm ein, kam der Russe in seinem Albtraum ja auch daher, dass er als Dramatiker einen „Tschechow-Dreier“ mit seinen Frauen hingelegt hatte, wobei er sich die Damen beileibe nicht nach den Namen der „Drei Schwestern“ ausgesucht hatte. Es hatte sich einfach ergeben; man heiratet ja auch keinen Vornamen, sondern eine Person. Und diese tschechowsche Dreimäderlkonstellation war sozusagen die Zufallspointendreingabe seiner Unglückskopulationen. Keiner seiner Frauen war er gerecht geworden. Keiner war er gewachsen. Keiner hatte er ins Herz zu schauen vermocht – schon auch deshalb, weil er natur- und charaktergemäß keiner das seinige richtig zu öffnen im Stande war.

Was ihn wenigstens zu einem großen Seufzer animierte und dazu zwang, einen borstenbesetzten Putz- und Säuberungsdraht ins Rohr seiner Pfeife zu schieben, die er wohl mit allzu hastigen Zügen überhitzt und also nassgeraucht hatte, was bei all seinen Erinnungsschüben und G'wissenswurmfortsätzen kein Wunder war. Er schaltete, um sich abzulenken und zu beruhigen und auch um den verdammten Kuckuck zu übertönen, das Radio ein. Und bekam gerade noch mit, wie die Sprecherin, die mit sanfter Stimme den Beginn des letzten Teils des Nachtkonzerts des öffentlich rechtlichen nationalen Senders angesagt hatte, die Tempobezeichnung des Klavierstücks, das nun folgen sollte, verkündete: „Markiert und kräftig“. Die Namen des Komponisten wie des ausführenden Pianisten und auch des Werks mussten schon vorher gefallen sein. Er wusste also nicht, wer da was von wem spielte. War aber von dem „Markiert und kräftig“ als Charakteransage gleich fasziniert.

Und als dann mit Zack und Schwung ein Moll-Akkord, laut und kurz und präzis angeschlagen, einen Dur-Akkord als Nachbar sich erzwang und diesen so in ein kräftig markiertes Zwielicht setzte, und als dann im Bass der letzte Schlag des Taktes, bevor es mit der unaufhörlichen Dur-Moll-Zwielichterei im Marsch!-marsch!- und Auf!-auf!-Rhythmus weiterging, in eine in atemlosen Stakkato aufwärts gedonnerte Triole zerlegt wurde, was sich in den folgenden Takten fortspann und jeweils wie ein Brandbeschleuniger wirkte im so humorvoll wie hochgestimmt wirkenden Feuer des Stücks – da dachte er: Das ist ja Irinas Musik! Nein, das ist Irina selbst, leib- und tonhaftig!

Denn so war sie. Die Markierte und Kräftige. Die Schwungvolle, Vorwärtsdrängende, die das Kurze und Bündige als ihr Lebensstakkato perfektioniert hatte. Die in Ruderbooten und auf Pferderücken, auf Tennisplätzen und in Theaterfoyers gleichermaßen eine Entschiedenheitserscheinung sondergleichen abgab, hoch und schön und glänzend in einer sprühenden Erotik aus lauter Energie. Die überhaupt nicht zu ihm passte, dies aber etliche Jahre erst lachend, dann aber immer verkrampfter lächelnd als Distinktionsgewinn ihrer Existenz begriff und auch nach außen verteidigte an den Kaffeetafeln und in den Cocktailrunden ihrer Freundinnen. Die ihn liebte, obwohl er ihrer Kraft und ihrer Markiertheit sich unaufhörlich entwand. Sie suchte das, was sie vom Leben erwartete, außer sich. Er suchte das, was er vom Leben nicht erwartete, allein in sich. So lebten sie aneinander vorbei.

Als er vor Zeiten einen großen, runden Geburtstag auf sich zukommen sah und die damit verbundenen Feierlichkeiten, Reden, Ehrungen und Empfänge von vornherein zum Teufel wünschte und sich jede derartige öffentliche Aufmerksamkeiten verbat und lieber privatissime den Eintritt ins reifere Mannesalter feiern wollte, dem er freilich ganz gleichgültig entgegensah, ergriff Irina, die Entschiedene, die Initiative. Am Geburtstag, den er mit einer besonders sorgfältig gestopften und gerauchten Morgenpfeife begann, einer ganz neuen Bjarne mit einer hinreißend harmonischen Maserung, die ihm Irina geschenkt hatte, überredete ihn seine Frau zu einem mittäglichen Spaziergang. Sie schlenderten los, und Irina gelang es, ihn wie unabsichtlich zur großen Promenade hinunter zu bugsieren, die den Fluss säumte, der strudelnd und in fröhlichen Katarakten aus dem See strömte, über dem die Stadt sich erhob.

An der Promenade lag des Dichters Lieblingsbuchhandlung, die natürlich mit dessen Werken an diesem Feier- und Ehrentag die Auslage hinter ihren weiten, großzügig bemessenen Schaufenstern schmückte. Was er mit zustimmendem Brummen quittierte und eben weiter seinem Flaniervergnügen nachgehen wollte, als der Chef der Buchhandlung aus der Ladentür stürzte und mit Freuden- und Glückwunschäußerungen rotgesichtig auf ihn und Irina zustürmte und beide mit so vielen schmeichelnden Lob- und Preissagungen bombardierte und dies in einem derart privaten, persönlichen, freundschaftlichen, ja fast liebenden Ton fertig brachte, dass dem dramatischen Dichter gar nichts anders übrig blieb, als seinem Lieblingsbuchhändler in dessen Laden zu folgen.

Die Buchhandlung hatte sich in einem alten klassizistischen Gebäude über mehrere Stockwerke hin etabliert. Hatte man die Verkaufsfläche im Erdgeschoss durchquert und die vielen turmhoch ragenden Bücherstapel und Regale vorsichtig umschifft, gelangte man durch eine mit Putten und Amoretten witzig verzierte Tür in einen kleinen Saal. Er diente Veranstaltungen, die schon auch mal einen musikalischen Zusatzcharakter haben konnten (Jazz und Lyrik), meistens aber aus reinen Autorenlesungen bestanden. Der hübsche, geschmacksolle Raum war an den Wänden mit halbreliefartigen Säulen verziert, prunkte vor allem aber mit einer kunstvoll skulpturierten Stuckdecke, zu der sowohl die Dichter, die hier aus ihren frisch auf den Markt gekommenen Werken vortrugen, als auch ihre literatursinnigen Zuhörer gerne ihre Blicke erhoben. Als setze der Schmuck des Plafonds dem Schmuck der vorgelesenen Texte noch ein Glanzlicht auf.

Der Chefbuchhändler lotste seinen Gast unter beiläufigem Geplauder durch die Putten- und Amoretten-Tür. Und dahinter war dann für den Dichter kein Entkommen mehr möglich. Eine ganze Corona von Universitätsgermanisten, Lektoren, Kulturbürgern, Dichterkollegen, Musikern, Orchesterleitern, Honoratioren und Mäzenen hatten sich locker vor einem halbwegs erlesen ausstaffierten kalten Büffet versammelt, drehten sich nun alle lachend nach dem Überrumpelten um und prosteten ihm mit den bereits gefüllten Champagnergläsern zu. Auch sein Verleger war anwesend. Ein großer, raumgreifender Mensch mit akkurat gescheiteltem Durchsetzungskopf, der zu allen Gelegenheiten und gleichviel zu welchem Anzug stets eine einfarbig grüne Krawatte trug. Was ihm den Nimbus einer gewissen geizfrohen Sturheit verlieh, die sich als raffinierte Bedürfnislosigkeit tarnte: Wer so arm ist, dass er offensichtlich nur eine Krawatte besitzt, den können Autoren ja nicht mit allzu hohen Vorschussforderungen belästigen, denen er mit seinem dunkelgrünen achtzylindrigen Jaguar gerne davonfuhr, wobei er auf dem Beifahrersitz immer die attraktivste Jungautorin, die ihm gerade zugefallen war, plazierte, um sie dann nach etlichen Fahrten ins Blaue in der nächsten Saison wieder aus dem Verlagsprogramm (und aus seinem Bett) zu werfen. Der grünbeschlipste Allgewaltige klopfte mit einer Gabel an sein schnell ausgetrunkenes Glas und hub – zu keiner Rede an. Er sagte in die eingetretene Stille hinein, der liebe Freund habe sich ja jede Rede und jede Ehrung und jede Gratulation zu seinem Geburtstag strikt verbeten. Und also respektiere er das natürlich. Aber so viel sei ihm doch verstattet, er sage also nur: „Möge …" Und in diesem „Möge …" möge dann alles enthalten und damit auch schon alles gesagt sein.

Aus des Dichters nicht geringer Verlegenheit über diese unverfrorene respektlose Respektierung seines Wunsches, einer Verlegenheit, die in ihm schon einer aufkeimenden Wut und Verdrossenheit Platz machen wollte, wurde bares Erstaunen, als Irina sich mitten in den Raum stellte. Und nun zu allgemeiner Verblüffung eine Rede auf ihn hielt. „Liebster Mann und Gefährte", begann Irina, „ich will hier nicht deine Werke rühmen, das können andere, Berufenere besser." Und da schaute sie listig zum germanistischen Großordinarius der örtlichen Univerität hin, der versonnen auf einer Cocktailolive herumkaute. „Ich will hier auch nicht auf deine Bedeutung für die Literatur und die Dichtung zu sprechen kommen, du weißt schließlich besser als jeder andere, was du wert bist und du hast es nicht nötig, dass man deinen Ansprüchen an dich selbst oberflächenplappernd alles schuldig bleibt. Nein, ich will hier nur von der Liebe reden. Ja, meine Damen und Herren, liebe Freunde, Sie haben richtig gehört: von der Liebe! Ich will dir also ein Geheimnis verraten, du mein Lieber: Auch wenn du es nicht für möglich halten wirst – aber du bist der Liebe wert. Ich liebe dich."

Es entstand ein Moment schwerer Peinlichkeit, der solchen intimen Bekenntnissen, die ja für eine Öffentlichkeit gar nicht bestimmt sein können, in eben dieser Öffentlichkeit immer folgt. Man guckte verlegen, klatschte ein bisschen, griff nach Gläsern und Tellern und wollte sich wieder dem Büffet widmen, bevor man ausloten würde, wie man mit dem Jubilar in dieser Situation umgehen, wie man sich zu ihm stellen, was man zu ihm sagen könnte. Ihm wenn nicht zum Geburtstag, dann immerhin zu dieser Frau gratulieren? Ihm auf die Schulter klopfen? Aber bevor es noch dazu hätte kommen können, war er verschwunden. Er hatte wohl eine kurze abwehrende Geste gemacht und sich, ohne auf Irinas Bekenntnis und Geständnis auch nur zu reagieren oder gar sich dafür zu bedanken oder ein Gerührtsein vorzuspielen, auf dem Absatz umgedreht. Und war geflohen.

Nicht lange danach verließ ihn Irina und warf sich einem Dirigenten in die schon berufsgemäß natürlich offenen Arme. Er war auf dem besagten Peinlichkeitsempfang auch unter den Anwesenden im hinteren Saal der Buchhandlung. Und hatte bei Irinas Liebeserklärung an ihren Mann besonders gut zugehört. Und ihm war sofort das Zupackende an dieser Frau aufgefallen, die offenbar eine Lust dabei empfand, ihr Herz über die Hürde zu werfen und sich nicht darum zu scheren, ob das die Situation zuließ und ob nicht schon der nächste Augenblick das über die Hürde geworfene Herz komisch oder gar grotesk zuckend aussehen lassen würde. Wobei ihr auch noch die Feuerrottöne aller möglichen versteckten Leidenschaften über das schöne, leicht erhitzte Gesicht flogen. Und da er in seinen musikalischen Darbietungen sich vor allem darin gefiel, Taktgrenzen auf gar keinen Fall anzuerkennen und sie einfach zu überspringen, glaubte er, in diesem Gesicht und dieser ganzen Frauenerscheinung auch nur lesen zu können wie in einer Partitur, in die er nur allzu gerne eindringen und sie taktgrenzensprengend dirigieren würde.

Dem sofort Verliebten und hemmungslos Entflammten unterstand das örtliche, aber weit über die Landesgrenzen hinaus berühmte Symphonieorchester. Vor dem er sich allerdings stets als berserkerhaftes Entschiedenheitsmonster aufführte. In den Proben pflegte er nach jedem fünften Takt abzuklopfen und nach jedem zehnten Takt das Tempo zu ändern. Aber jedes Mal im Brustton absoluter, diktatorisch verkündeter Richtigkeitsüberzeugung. Seine Orchestermusiker machte das verrückt, Irina machte das glücklich. Und auch als der musikalische Haufen der verrückt Gemachten den Aufstand nicht nur probte, sondern ihn kühn vollzog und den Maestro zum Teufel jagte, was sagen will, dass man die Kulturpolitiker durch permanente Klagen und Beschwerden dazu brachte, den hysterischen Abklopfer und Tempowechsler rauszuschmeißen – hielt Irina zu ihm. Und zog mit ihm fort.

Es war unserem Dichter in der Zwischenzeit gelungen, die Kaffeemaschine in der nebenan liegenden Küche in Gang zu setzen, deren Tröpfeln und Gurgeln das Vier-

viertelwunder aus dem Radio nicht störte, das jetzt aus dem lauten marschartigen Vorwärtsdrängen in ein herrliches leises Fließen und Weben übergegangen war, als erzählten die Klavier-Elementargeister in den Bassregistern staunend einander, was auf der Welt-Oberfläche gerade an Unerhörtem loswar. Und als dann wieder der Marsch einsetzte, den er ja nun schon kannte, brachte er das Kunststück fertig, die Pfeife im Mund zu behalten und den elektrischen Rasierapparat durch seine stoppelige Bartlandschaft pflügen zu lassen.

Als er Pfeife wie Rasierapparat gerade aus der Hand legte, um nach einer Tasse zu greifen und sich Kaffee einzuschenken, knallten die letzten Dur-Schläge vom Klavier im Radio her. Und die sanfte Stimme der Sprecherin sagte nichts weiter als: „Das war die erste, jetzt, meine sehr verehrten Damen und Herren, hören Sie die zweite, die Tempovorschrift lautet: ‚Äußerst rasch und mit Bravour'". Und dann hob ein Tollen und Rasen und Taumeln an, ein brillantes Schäumen und Sprudeln aus lauter wahnsinnig rasch gespielten kurzen Noten, unter denen eine wunderbare Melodie verborgen war, die man nachsingen konnte wie einen Gassenhauer (das Stück roch und schmeckte auch dementsprechend nach Wirtshausschlägerei), gegen die von der linken Hand des Spielers schroff gebrochene Riesenakkorde in schneller Folge gewuchtet wurden.

Und ihm ging mit einem Mal auf: Das, was hier raste und tollte und taumelte und über alle Takt- und Gesellschaftsgrenzen hinweg sprang – das passte haargenau zu Mascha! Nein, das war Mascha! Die nun wie durch einen Zufallsradiozauber aus einer Albtraum-Frau zu einer Traummusik-Erscheinung wurde. Er nannte sie, als er mit ihr noch zusammen war, immer nur „das Wiesel". Ein Irrwischwesen, bei dem er sich wunderte, wie er es überhaupt geschafft haben konnte, sie auch nur einmal in seinen Armen festzuhalten. Ganz davon zu schweigen, dass er sie nicht einmal als Wesen und Erscheinung zu fixieren vermochte. Sie wirbelte ihm ständig ins Undeutliche, Tempoumrauschte, Windige davon. Sie trank so viel und so schnell, wie sie wirbelnd lebte. Und er erinnerte sich mit Grausen, das aber dem Amüsement, das er dabei auch empfand, nichts anhaben konnte, wie sie beide einmal in das edelste, naturgemäß auch teuerste und berühmteste Lokal der Stadt essen gingen. Sie ihm, wie immer, schon auf dem Weg zehn wieselige Schritte voraus, er mit seinem breiten Gang gemächlich hinterdrein trottend.

Im lukullischen Olymp, der sich als „Halle" stark untertreibend der Öffentlichkeit darbot, hatten sie, wie immer, ihren Tisch, der für sie jederzeit bereit gehalten wurde, gleich knapp hinter der großen, mit jugendstilartigen Messingbeschlägen reich verzierten Haupteingangstür. Er legte auf diesen an sich zugigen Platz, der zudem von den Ankömmlingen wie den sich Verabschiedenden unaufhörlich gestreift wurde, etlichen Wert. Weil er ihm erlaubte, Leute zu beobachten. Manchmal schnitt er sozusagen wie mit einer Geistesschere die dort Vorübergehenden, die gerade ihre Mäntel aus- oder anzogen, für sich aus und klebte sie gleichsam ein in sein Phantasiealbum. So hatte er sie parat, wenn er sie für ein Drama oder eine Erzählung als Umrisse brauchte, indem er sie aus dem imaginären Album löste und auf Schreibpapier neu zur Welt brachte. Wobei ihre Gestalten, groß, klein, dick, dürr, gebeugt, aufrecht und so weiter, ihm schon die groben

Züge ihrer Charaktere lieferten, die er dann in seine Figuren mit einfließen ließ, wenn sie ihm denn tauglich erschienen.

Mascha hatte an jenem Abend dem Apéro-Champagner schon in vollen, übermäßigen Zügen zugesprochen, bevor sie, ohne viel von den erlesenen Hors d'œuvres des Hauses „vom Wagen" zu sich zu nehmen, den großen, schweren Bordeaux in sich hineinzuzuschütten begann, als wäre er nur ein Tafelwasser. Er hingegen hatte sich auf eine genial zart überkrustete Entenbrust à l'orange konzentriert und dann und wann durch seine dicken Brillengläser mit großen, aber für die Außenwelt wie verschlossen und verschwommen ruhenden Augen den Publikumsverkehr des Lokals inspiziert zum Zweck der angelegentlichen Typen-Füllung seines Phantasiealbums. Mascha war nach der ersten, fast von ihr allein gepichelten Flasche Château La Pointe Grand Cru auf die Toilette enteilt und schon eine ganze Weile nicht wieder erschienen. Was ihn weder wunderte noch ihm etwas ausmachte.

Plötzlich war über dem gedämpften, nur durch Gläser- und Besteckgeräusche sanft überwölbten Gesprächsgeräuschpegel des Lokals ein Lärm losgebrochen, der von den Toiletten her zur Table d'hôte drang, obwohl die beiden Örtlichkeiten erstens durch einen längeren Gang getrennt und zweitens schicklich genug weit auseinander lagen. Der Lärm bestand aus schrillen Schreien einer Frauenstimme, aus Schimpfen, aus Poltern und am Ende aus dem Hämmern von Fäusten und Schlägen mit Füßen gegen eine Tür. Er kam von Mascha, die sich in der Toiletten-Kabine eingeschlossen wähnte und meinte, sie nicht mehr verlassen zu können. In ihrer Trunkenheit hatte die

Bordeauxumnebelte nicht mehr registriert, dass die Tür nicht nur leicht zu öffnen war, sondern schon offen stand, war von klaustrophobischen Attacken heimgesucht worden, ins Randalieren und in eine Panik geraten, die fast das ganze Personal und das halbe Lokal in Richtung Damenklo in Gang setzte. Wo man die inzwischen völlig Derangierte und verheult und kreischend um sich Schlagende befreite, ihr unter die Arme griff und an den Tisch zurück eskortierte, wo ihr Mann ganz ruhig und unbetroffen saß, behaglich sein Mahl verzehrte und schaute. Er hatte sich nach der Ente zum Bordeaux, den er maßvoll trank, naturgemäß eine Pfeife angesteckt und war mit sich und dem Abend zufrieden. Maschas Ausfall nahm er einfach auf Rechnung ihrer Tempogewohnheiten. Und also nicht tragisch. Und den durch Maschas Getobe und Fußtritte entstandenen Schaden an der Toilettentür bezahlte er stillschweigend.

So also war Mascha. Sie brauste wie ein strahlender, immer öfter aber auch volltrunkener Sturm durch sein Leben. Kaum dass er verstand und überhaupt wahrnahm, was sie ihm eigentlich sagen und bedeuten wollte, was sie vom Leben und von ihm erwartete und was sie begehrte, was sie lieber hätte und was nicht, war sie schon weiter gerannt. Dies aber immer unter einem silbrig-hysterischen Diskantgelächter im allerobersten Sopran-Register, das ihm als „Koloraturfolter", wie er das nannte, je länger je mehr auf die Nerven ging. Und die auch der viele Alkohol, der Stimmen ja normalerweise bis hin ins Reibeisen- und Sandpapierartige einzudunkeln pflegt, nicht kleinkriegte. Um sie, die energiegeladene Speed-Schlampe par exellence, bildete sich denn auch immer ein Schlachtfeld, auf dem müllartig verstreut lag, was sie gerade weggeworfen hatte oder über das sie einfach hinweggehopst war. Am Ende gehörte auch er dazu.

Mascha brannte denn auch passenderweise mit einem Autohändler durch, der sich allein auf den Verkauf stärkst motorisierter und also höchstgeschwindigkeitstauglicher Vehikel spezialisiert hatte, deren PS-Zahl noch durch zusätzliches Tuning ins schier Unermessliche und eigentlich kaum noch Beherrschbare gesteigert war. Was an den Kaffeehaus- und Bistrotischen der Stadt reichlich Stoff für zynischen Klatsch und Tratsch bot, bei dem der dramatische Dichter als aus allen Mascha-Kurven geflogener Beifahrer (dem man in übler Nachrede bei so viel Frauentempo hämischerweise nicht einmal den Beischläfer zutraute) keineswegs gut abschnitt.

Zwar nun schon rasiert, aber immer noch im Pyjama und den vom Schlaf her noch pelzigen Rachen mit einer Melange aus Kaffee und Pfeifenrauch auffrischend, klopfte er zu den auch wieder drei gewaltigen akkordigen Schluss-Schlägen des zweiten Klavierstücks seine kurze Savinelli aus, die er problemlos, wenn auch ein bisschen zu schnell zu Ende geschmaucht hatte, und griff zum schönsten Stück seiner Pfeifensammlung (er nannte über zweihundert schöne Exemplare sein Eigen), einer Tsuge, seiner „komplizierten japanischen Geliebten", wie er sie zärtlich zu nennen pflegte. Sie war ein Pfeifenkopfrundheitswunder in vollkommener Form und Harmonie, aus unnachahmlich handschmeichlerischem Holz, die aber jeden falschen Zug, jedes nervöse Gezuzzel, jedes Übermaß an luftholendem Verlangen sofort mit säuerlicher Obstruktion rächte. Sie richtig zu rauchen, war eine hohe konzentrierte Kunst, die nur in völliger Gelassenheit, Ruhe und Entspanntheit, ja eigentlich Abgeklärtheit gelang.

Und als jetzt die sanfte Frauenstimme im Radio das dritte Klavierstück des frühen Morgens allein wieder nur mit der Tempobezeichnung, diesmal als „Leicht und mit Humor" ansagte, und als dann sanft tropfende und in ihrem hin und her schaukelnden Melodieverlauf wie unabsichtlich stockende und stolpernde süßleidige, aber pochend gleichmäßige, in gemächlichem Schritt-Tempo vorwärts kommende Weichheitsakkorde ertönten, die jeweils nur kurz angeschlagen, nur wie hingetupft daherkamen – erschien das dem Dramatiker wie eine Epiphanie: die Erscheinung eines doppelt Passenden. Erstens zur Pfeife. Zweitens zu Olga.

Es war dies offenbar sein Drei-Frauen-Morgen, geboren aus einem Albtraum, dann verwandelt in herrliche Klaviermusik, umnebelt von Pfeifenrauch. Manchmal stellte er sich vor, wie nach seinem Ableben seine drei Ex, die sich dann wohl alle als seine wie auch immer gearteten Witwen betrachten würden, über seinen Nachlass einen „Hexenrat", wie er das nannte, abhalten wollen und sich in Verteilungskämpfe verbeißen würden. Weswegen er längst verfügt hatte, dass sein Nachlass und sein Archiv dem literaturwissenschaftlichen Lehrstuhl der örtlichen Universität zu überlassen seien. Allerdings nicht seine Pfeifen, die er, sozusagen seine allerletzte Marotte, ganz entschieden mit ins Grab nehmen wollte: Wegzehrung ins Jenseits, an das er als Atheist zwar nicht glaubte, dem er aber, sollte es tatsächlich so existieren, wie er es in seinem Totendrama in Szene setzte, nicht unvorbereitet begegnen wollte, was ihm selber zugleich unsagbar lächerlich und herrlich trostreich vorkam. Auf eine vierte Frau jedenfalls, die sein Nachlass etwas angehen könnte, wollte er in seinem Alter nicht mehr warten. Hatte er sich geschworen. So aber, wie er sich den um den Nachlass feilschenden „Hexenrat" unter sarkastischem Schauder vorsorglich fürchtend ausmalte, fand er, dass Olga darin die stillste und zaghafteste und wohl auch traurigste Hexe abgegeben haben würde.

Sie war die Frau, die immer das Gefühl hatte, in ihrem Leben das Läuten der Glocke überhört zu haben, das ihr den richtigen Weg gewiesen haben würde; in seinem Falle wäre das ja wohl gleich der Weg an ihm vorbei gewesen. Obwohl sie materiell ein gutes, bequemes, womöglich ein allzu wohliges Leben miteinander hatten, war ihr die ständige Enttäuschung wie eingeschrieben, ein ganz anderes Leben versäumt zu haben. Sie empfand es tief, immer den falschen Weg genommen, auf dem falschen Gleis in den falschen Zug eingestiegen zu sein, dies aber immer mit dem tückischen Gefühl übertüncht zu haben, „es doch alles in allem gut getroffen" zu haben. In ihrer geradezu madonnenhaft duldsamen Sanftmut, die nur die Kehrseite ihrer gar nicht wenig ausgeprägten Leidens- und Traurigkeitslust war, hätte sie gerne eine andere sein wollen. Und dieses Gefühl überkam sie in den unpassendsten Momenten.

Einmal war er, gleichgültig in diesen Dingen wie in den meisten anderen, mit ihr in einen Gottesdienst gegangen. Sie war zwar eine mit den Zeiten kirchenfern gewordene Katholikin, er ein atheistischer Protestant, aus calvinistischem Elternhaus stammend, aber dann jedwedem Glauben fremd geworden. Da Olga aber oft an Weihnachten, seltener an Ostern, der Wunsch überkam, „wieder einmal in andere Umstände zu kommen“, was bei ihr bedeutete, einen sakralen Raum zu betreten und „heilige Stimmen zu hören“, hatte er ihr den Gefallen getan und sie zum festlichen Hochamt in der katholischen Stadtkirche begleitet. Dort wurde die Liturgie, die er als Dramatiker durchaus neugierig und sensibel für die theatralischen Aspekte der heiligen Handlung samt Verbeugungen, Handreichungen und allerlei Zeichen, verfolgte, von einem Orchester mit Chor und Solisten begleitet. Es wurde Mozarts Krönungsmesse musiziert. Schon beim Kyrie, das in strahlendstem C-Dur gleißend um das Erbarmen des Herrn weniger fleht, als dieses stolz lockend und schmeichelnd aufbrausend einfordert, war Olga zusammengezuckt. So dass er, beide saßen ziemlich exponiert in einer der ersten Kirchenbänke nahe dem Altarraum, erstaunt zu ihr hinsah. Gloria und Credo überstand sie leidlich, wiewohl sie beim „Et incarnatus est“ und „Crucifixus“ im Credo, das den fleisch- und menschgewordenen und dann gekreuzigten Gott in zartesten Tonschattenfarben und in allen trauerseligen chromatischen Finessen beweint, offenbar heftig zu schlucken hatte – und an diesem Tag überhaupt sehr nahe am Wasser gebaut zu haben schien.

Vollends aber beim Agnus Dei, jener innigen, absolut schwerelosen, engelhaften Melodie, begleitet von hingehauchter Streicherseligkeit, mit der Mozart den Solo-Sopran um das Erbarmen des Lammes Gottes bitten lässt und die er später exakt der Liebesklage der Gräfin in seiner Oper „Die Hochzeit des Figaro“ unterlegt, brach Olga zusammen. Ohnehin lagen noch die schwer und süßlich orientalisch duftenden Weihrauchschwaden, die von der

Wandlung her übrig geblieben waren, wie feine Nebelbänke über dem Ganzen. So dass der Geruch ein übriges dazu getan haben dürfte. Jedenfalls weinte sie hemmungslos gerührt in ihr hastig gezücktes Taschentuch. Schluchzte stumm. Wurde von Empfindungen geschüttelt. Zuckte erbarmungswürdig mit den Schultern. Und war ein Häuflein frommsten Elends. Nachdem sie das Gotteshaus eilends und unter einigem Aufsehen verlassen hatten, gestand Olga, dass die Messe in ihrer Lebenswunde gerührt hätte: Die Musik sei so schön, so überwältigend gewesen, dass sie zu jedem Moment gespürt hätte, wie jeder Ton ihr vorwarf, nicht die zu sein, die sie hätte sein können; in jedem Takt, bei jeder Phrase sei sie vor Wehmut schier umgekommen, dort sein zu müssen, „wo das Glück nicht ist". Denn das Glück sei nur in dieser Musik. Und diese Musik vergehe ja so schnell. Ihr Gatte brummte missbilligend, schüttelte den Kopf und steckte sich eine Pfeife an, die er während des ganzen langen Gottesdienstes schmerzlich vermisst und nach der er hie und da in seiner Jackett-Tasche heimlich getastet hatte. Dann machte man sich auf den Heimweg.

Die einfach auszuhalten, die sie war, dazu fehlte es Olga freilich auch an der großen Weitherzigheit, die in den Arhythmien ihrer Seele den normalen Puls lächelnd und souverän heraushören hätte müssen. Es nagte an ihr ein stetes vages Gefühl auch von Schuld: das Entscheidende übersehen zu haben. Dass ihr Mann das für sie hätte sein können, dafür hatte er sich erstens in seiner Unentschiedenheit viel zu wenig und viel zu phantasielos ins Olga-Zeug gelegt, und zweitens war sie zu wenig Lebenskünstlerin, um ihrer beider Leben zu einem gelingenden, und das hieß ja wohl mühsam zu fertigenden Kunststück mitmachen zu helfen. Kurz: Sie war zu kompliziert für ihn. Nun lebte sie schon einige Zeit mit einem Almbauern hoch droben im nahen Gebirge zusammen. Manchmal schickte sie ihm („Liebe Grüße und alles Gute Deinem Magen!") dessen hauptsächliches Erzeugnis: Käse. Den er regelmäßig im Abfall entsorgte.

Weil er sich nun, es war inzwischen sonnenheller Morgen geworden, im Badezimmer die Wanne mit heißem Wasser vollaufen ließ, überhörte er überm Gurgeln und Rauschen die Abmoderation im Radio im Schlafzimmer. So dass er nichts Näheres über die drei Klavierstücke erfuhr. Trotzdem oder gerade deswegen gingen sie ihm nicht mehr aus dem Kopf. Und waren seine drei Frauen in seinem Albtraum (samt dem Riesenrussen) seine G'wissenswürmer, so wurden sie jetzt klavierüberwölbt und rhythmusgetrieben zu sonderbaren Ohrwürmern. Die aber besser auszuhalten waren als die G'wissenswürmer. Nach heißer Badewanne und anschließender kalter Dusche und kreislauffördernder Frottage kleidete er sich sorgfältig an. Heller Leinenanzug mit leichter Weste, weißes Hemd, blassblaue, weißgesprenkelte Krawatte. Denn er hatte viel vor. Er wollte sich eine Freude machen. Die er erst neulich für sich und sein ganzes Dasein, ja seine gesamte schriftstellerische Existenz entdeckt hatte.

Zum Frühstück zerkaute beziehungsweise zerschlotzte der so für den Tag Präparierte langsam zwei Croissants, die er in seinen Milchkaffee tunkte, und las die örtliche, aber weit über die Landesgrenzen hinaus berühmte Zeitung. Beides, Hörnchen wie Journal, legte ihm eine Nachbarin, die er als Hausbesorgerin engagiert hatte, täglich frühmorgens vor die Tür. Im Feuilleton, für das er früher immer zwanzig Minuten Lesezeit aufzubringen bereit war, das ihm aber längst nur noch zwei Minuten wert war, fiel ihm heute eine Rezension auf, in der die Uraufführung des Dramas eines Kollegen in einem großen norddeutschen Schauspielhaus schon deshalb sehr gerühmt wurde, weil vom neuen Stück rein gar nichts („Gott sei Dank kein Text“, so der Rezensent, „Text lenkt nur ab“), dafür nur das zu sehen war, was dem Regisseur zum Stück, einer komplizierten Männer-Frauen-Sache, für die er sich offenbar überhaupt nicht interessierte, eingefallen war, unter anderem ein nacktes postmigrantisches Männerballett in Nazi-Springerstiefeln, begleitet von einem Laienchor aus Obdachlosen vom Hauptbahnhof, was der Kritiker als „Theaterwunder“ pries.

Der darob schier melancholisch werden wollende Dramatiker dachte an den Jeep als Hauptdarsteller und das gekreuzigte päpstliche Schwein, das seinem neuen Stück regiemäßig am hiesigen Schauspielhaus drohte, und geriet sofort wieder in eine große masochistische Freude hinein, die fast in eine Neidhammelei überschwappen wollte, denn Männerballett und Obdachlosenchor würden Jeep und Kreuzigungsschwein ja leicht übertrumpfen. Da hatte es der Kollege wohl besser getroffen! Und dem Criticus war in solchen Dingen offenbar durchaus zu trauen, er machte da, jedenfalls auf den ersten Leseblick, einen ganz seriösen Beschreibungseindruck!

Danach aber verließ der dramatische Dichter erheitert und beschwingten Schrittes das Haus. Denn er war auf dem Weg zu „meiner Freude“, wie er das so kurz wie ehrfürchtig zu nennen pflegte, was er neuerdings für sich entdeckt hatte. In der von einer noch schräg einfallenden Morgensonne kaum erwärmten Gasse, an der sein Wohnsitz lag, fühlte er frische Luft und frischen Mut. Albtraum und Albfrauen waren wenn nicht vergessen, so doch abgedrängt ins Nachtschattenreich. Er hatte zum hellen Anzug als Ausgehmontur keinen Staubmantel, nur einen strohgeflochtenen beigen eleganten Borsalino gewählt, der ihm passabel zu Kopfe stand, ließ den rechten Arm sanft im Rhythmus eines elfenbeinfarbenen, mit einem Silberknauf in Hundekopfform verzierten Spazierstocks sanft schwingen.

Am linken Arm baumelte eine Einkaufstüte aus Leinen, aus welcher der Hals einer Flasche ragte. Das war sein „Freudenopfer“. Er hatte es am gestrigen Nachmittag im edelsten Spirituosenladen der Stadt erstanden, einen zwanzig Jahre alten und also hinreichend gereiften Pflümli-Brand, goldbraun und warmfarben in der Flasche funkelnd, eine erlesene, teure Kostbarkeit, die er zu verschenken gedachte. Wobei es für ihn weniger eine Schenkung, vielmehr eine Investition darstellte. Im Grunde aber einfach eine Bestechungsgabe war. Denn erhalten sollte den Schnaps der Portier, der über den Bühneneingang des örtlichen Schauspielhauses wachte, in dem sein Stück demnächst seine Uraufführungspremiere erleben sollte.

Als er aus der Gasse, die zwischen schönen, vorgartenumhegten, im Morgentau wie frisch gewaschen wirkenden Villen sich leicht abwärts neigte, in den Boulevard einbog, der breit und behäbig vollends in die Stadt hinunterführte, an diesem frühen Morgen aber noch kaum befahren war, höchstens dass eine halbleere Tram ihn entlangrumpelte, sah er im Frühsonnenlicht schon das

Schauspielhaus an der großen Kreuzung drunten funkeln und leuchten. Als sei es mit seinen Zinnen und Türmchen, seinen Gesimsen und Gauben die bürgerliche Burg, geschaffen als Behausung für einen säkularen Gral, aus dem die wohlhabenden Bourgeois wie die intellektuellen Citoyens der Stadt ihr Gran Unsterblichkeit zu schlürfen sich angelegen sein ließen. Was, wie gesagt, einen Jeep als Hauptdarsteller und ein gekreuzigtes Schwein keineswegs ausschloss.

Ihn aber interessierte dies alles nicht. Ihm war völlig gleichgültig, was sie die paar lächerlichen Lebenden aus seinem Toten-Stück machten. Er würde auch nicht zur Premiere gehen, und zur Premierenfeier erst recht nicht, dieser hohen hysterischen Messe der Scheißfreundlichkeit und also totalen Verlogenheit, die seit neuestem auch noch dem sekt- und häppchen- und würstchenkonsumierenden Publikum offenstand, das da ja weiß Gott nichts zu feiern hat, denn es hat ja außer Zugucken nichts getan, was ein Feiern rechtfertigen würde. Und dass da sich auch gewöhnlich ungeniert und schamlos die örtlichen und auch ein paar überörtliche Theaterkritiker herumtrieben, die zu diesem Zeitpunkt auch noch nichts gearbeitet und also auch nichts zu feiern haben, und sich schmierantisch an Schauspieler oder wahlweise Schauspielerinnen heranmachten, zeigte nur, wie verkommen und sittenverdorben-korrumpelhaft dieser einst so stolze Berufsstand geworden war. (Die Kritikerin einer großen deutschen Zeitung war von der darob genüsslich feixenden Premierenfeier-Bagage erwischt worden, wie sie mit dem Junghelden des Ensembles eng umschlungen im Herrenklo das Tanzbein nun nicht schwang, sondern eher schleifen ließ.)

Überhaupt war dem Dramatiker der ganze Theaterbetrieb mit Pressestrategie, Öffentlichkeitsarbeit, Interviewgehatsche, Getue und Gelüge, mit Vorneherum-Umarmung und Hintenherum-Erdolchung, mit Intrigen und Unschuldslammgrimassiererei und Interessantmacherei und Marktwertsteigerungsgeschrei bei völliger Inhaltsleere und Kunstvergessenheit herzlich zuwider. Wozu er aber seit einiger Zeit in geradezu kindlich verrückter Liebe entbrannt war, das war das Theater als leerer Raum. Gerade an jenemTag, an dem ihm der Direktor im Intendantenbüro so höflich wie bestimmt erklärte, dass man ihn bei den Proben zu seinem neuen Stück nicht dabei haben wolle, hatte er sich im Hause, das er nicht gut kannte, zwischen Gängen und Treppen und Durchlässen verlaufen und war plötzlich durch eine Tür, von der er glaubte, sie führe ihn nach draußen, in eine mit rotem Polster und bequemen Gestühl bestückte Seitenloge im Ersten Rang geraten. Und von dort aus hatte er glücklich und erstaunt auf das mit goldenen Stukkaturen verzierte große Bühnenportal geschaut, das nur die völlig leere Bühne rahmte, die, wie der ganze Raum, in dämmerigem, gedämpftem Arbeitslicht lag, in dem man die eine oder andere sanft schwebende Staubwolke glitzern sah. Dazu herrschte absolute Stille.

Und ihm ging dabei durch den Kopf, dass ein großer Kollege, von Haus aus ein gewaltiger Witzweiser, sich bis zu seiner Todesstunde immer darüber mokiert hatte, dass die Deutschsprachler den Schluss des „Hamlet" falsch übersetzten, nämlich „The rest is silence" mit „Der Rest ist

Schweigen", dabei bedeute doch „silence" in erster Linie „Stille". Also: „Der Rest ist Stille"; das sei viel besser und treffender. Und die Stille, die er in seinem „Premierenmoment" (als den er ihn begriff) in der Loge erlebte, das völlige Die-Klappe-Halten des Theaters, überwältigte ihn. Bezauberte ihn. Beglückte ihn. Er blickte über die Logenbrüstung in den herrlich daliegenden Zuschauerraum, der im Halbdunkel mehr zu ahnen als zu sehen war, und hatte in seiner Vorstellung plötzlich eine Gesellschaft dort drunten und ringsum in den Rängen vor Augen, die schöner, interessierter und aufmerksamer und naturgemäß mucksmäuschenstiller ja kaum sein konnte. Die Bühne aber ließ seine Vorstellungskraft zunächst unbevölkert.

Bis er sich klar machte, dass dort unten im großen, wundertollen Guckkasten jedes Staubkorn, jede Bretterfaser, jeder Nagel, jede Schnurschlinge, jede Lampe, jede Schraube, jeder Quadratzentimenter des roten, dicken Vorhangs, der zu diesem Zeitpunkt aufgezogen war und die Seiten des Bühnenportals umfing und umhegte und wärmend schützte als eine prunkvoll geraffte Verkleidung – die Geister der Vergangenen, die Freuden und Leiden, Triumphe und Niederlagen der spielenden wie der von ihnen gespielten Menschen ja doch irgendwie aufbewahrten. Und nicht nur das. Denn das Theater, so ging es dem Dramatiker im glücksdurchwirbelten Kopf herum, verschwindet ja, das ist seine Natur, immer gleich wieder im Augenblick, in dem es entsteht, aber es bewahrt ja doch in jedem Augenblick auch das, was noch zu wünschen und zu träumen wäre. Ein Musée imaginaire, so formulierungsfroh verstieg er sich, betrieben und belebt und durchbebt und durchtobt und durchlitten und durchwandert von Menschen, die darüber doch eigentlich staunen können müssten, dachte er sich, was noch alles an Werdendem und Kommendem in den Figuren und Texten und Szenen und Worten verborgen steckt, denen sie als immer wieder neuen, großen Unbekannten bewahrend, schützend und bildend in ein mögliches Leben erst hinein helfen müssten. Wenn sie, träumte der dramatische Dichter vor sich hin, in Figuren, in Vorgänge und Verse und Töne hineinlauschten und sich hinein wagten wie Entdeckungsreisende, die voller Neugier und Demut in einen unbekannten Kontinent aufbrechen würden.

Genau dies aber sei vom Theater zur Zeit nicht zu kriegen, wie ihm der Intendant in seinem Büro nebenbei noch leicht schnodderig versicherte, „und da bitte ich halt einfach um Verständnis für die jungen Leute, die auch ihren Weg und eben auch ihren Reibach machen müssen, denn die brauchen die Moden und den Markt, der ihnen die Miete und die Krankenversicherung bezahlt."

Seit diesem Tag hielt er sich an den leeren Raum. Zweimal in der Woche gestattete er sich das große Vergnügen. Besorgte einmal in der Woche einen kostbaren Schnaps, den er dem Bühnenpförtner, einem großen Liebhaber derartiger geistiger Getränke, dem ein Achttage-Quantum an Edel-Alkohol ausreichend erschien, mit verschwörerischer Geste aushändigte, was dieser mit einem listigen Blinzeln seiner rotgeäderten Äuglein quittierte. Und erwartete von ihm im Gegenzug, dass der Zerberus beide Augen zudrückte, wenn der dramatische Gast sich jeweils früh am Morgen, wenn das Haus noch leer war, zur Loge im Ersten Rang schlich, um dort im herrlich Leeren sein

Theaterglück zu suchen und einsam zu genießen. So auch heute wieder.

Als er aber dieses Mal glücksschnaufend und erwartungsvoll in der Loge als einem im Dunkeln und Verborgenen liegenden Versteck Platz genommen und Hut und Stock vorsichtig beiseite gelegt hatte, bemerkte er, während sich seine Augen langsam ans Dämmerlicht gewöhnten, linkerhand auf der Bühne einen Arbeiter im braunen Overall, der mit einem Hammer hantierte und offenbar ein Metallteil mit präzisen, laut hallenden Schlägen im Bühnenboden zu verankern oder zu befestigen schien. Der Dichter empfand dies als Enttäuschung, als Entweihung, als lärmende Störung, die nicht in sein Bild passte, das er sich vom Theater als Wunderkammer machte. Die Stille war dahin. Die Leere auch.

Plötzlich aber tauchte aus dem Halbdunkel der Bühne von rechts her, gleich vorne hinter dem gerafften Vorhang, eine Frau auf. Eine Schauspielerin womöglich, die niemand zu so früher Stunde im Theater erwartet hätte. Sie war in Hut und Mantel. An ihrem linken Arm baumelte eine Handtasche. Ihre rechte hielt einen Apfel, in den sie biss, während sie die Bühne nach links hinten querte, am Arbeiter vorbei, dem sie einen guten Morgen wünschte. Dann war sie verschwunden. Und der Dichter erlebte sein blaues Wunder.

Was er sah, war eine eigentlich ganz alltägliche, untheatralische Begebenheit: Eine Frau geht an einem Mann vorbei und grüßt ihn. Sie hätte an jeder Straßenecke, in jedem Büro, auf jedem Platz draußen in der Stadt sich tausendfach ereignen können, ohne dass man etwas von Bedeutung darin hätte sehen mögen. Und die dort draußen niemand für eine Szene, also für etwas gehalten hätte, das aus dem Rahmen fiele. Wovon man also Wunderdinge erzählen könnte. Aber nicht nur der dramatische Dichter in seiner Nische, jeder, der mit ihm auf die leere Bühne geschaut hätte, sähe hier sofort: ein Drama. Das draußen sich nie ereignen könnte. Denn der Rahmen des Kastens, in den man nie ungestraft, also auch nie unbeglückt hineinguckt, hatte die Dame, die gar nichts tat und wollte außer einen Apfel zu essen, einen Bühnenarbeiter zu grüßen, eine Bretterfläche zu queren, sofort verwandelt – und das hieß ja aus dem Rahmen fallen lassen. Und ihren Apfel auch. Eine Unerhörtheit. Eine große Szene tollen Theaters. Ihm brach der Glückserregungsschweiß aus. Sein Puls beschleunigte sich. Er griff nach Hut und Stock und hastete, am verdutzt glotzenden Portier vorbei, hinaus in die längst zu voller, lärmender Betriebsamkeit im Frühlingslicht erwachte Stadt.

In seinem Hirn wurde die Quergängerin sofort zu Eva, der nur die Schlange zum Paradiesdrama fehlte. Und aus der die ganze Tragödie der paradiesverlorenen Menschheit mit allen Schlachten, Tollheiten, Aberwitzigkeiten, Abgrundhöllenfahrten und Himmelsstürmereien erwachsen würde. Oder zu Schneewittchen, das alle Märchen der Verlorenen und Verlassenen und Verstoßenen im Zaubertrauerlächeln eines Moments aufblitzen lassen könnte. Oder zur Reichsapfelkönigin eines noch zu schreibenden Dramas, in dem die ganze heillos überhitzte, aber zahnlos gewordene Welt durch eine eiskalte, bissige Heilige gerettet wird – was, dachte er, zu fürchterlichster dramatischer Kitsch-Verirrung oder zu absurdester Komik führen könnte. Der Guckkasten als Glückskasten jedenfalls, dessen Leere seine Phantasie seit neuestem mit so viel Imaginären schon bevölkert hatte, bot dem Dichter in dieser Frau mit dem Apfel: das irrsinnigste, abwegigste, schönste, tollstdreiste, weitestschweifige Theater, das er sich bis dahin vorzustellen getraute. Ein Wahnsinn eigentlich. Aber auch eine Erlösung.

Und es kam eine ungeheure, nie gekannte und erlebte Entschiedenheitsverliebtheit über ihn. Er wollte diese Frau mit Haut und Haar. Und er wollte sie nur dazu, dass sie nur für ihn und nur im leeren, goldenen Bühnenrahmen allein für ihn über die leeren Bretter quer ihren stolzen, aufrechten Körper mit ihrem apfelbissigen Mund bewegen sollte, wann immer es ihn danach gelüstete. So lange, bis er, von ihr bewegt, animiert, bis ins Innerste erschüttert und umgewälzt alle die weltstürzenden Dramen geschrieben haben würde, die ihr allererstes Erscheinen in seine urplötzlich erblühte und wie entkrampft erhitzte Phantasie hineinzupflanzen half. Und er fühlte eine selig sehrende Sucht, die ihn nie mehr loslassen würde. Und hastete los.

Der Dichter verstieg sich. Und verlief sich. Man sah ihn, wie er seinen Kopf rasch und nervös und mit flackernd suchendem Blick in Kaffeehäuser und Kaufläden, in Buchhandlungen und Obstgeschäfte, ja sogar in den Spirituosenladen steckte, in dem er nun keinen Bestechungsschnaps mehr für den Schauspielhausportier kaufte, sondern nur einen knappen Gruß hineinbrummte – überall suchte er sie in der langsam unter der Maiensonne sich warmlaufenden Stadt. Er hätte sich die Frau mit dem Apfel so dringend wie noch keine andere Frau gewünscht. Es wäre seine vierte gewesen, wenn er vorgehabt hätte, sie zu heiraten. Aber er wollte sie nicht für sein richtiges Leben. Er wollte sie für seine lebendige Dramatik (und alle Toten samt den dazu passenden Toten-Stücken wünschte er von sofort an zum Teufel!). Er wäre mit ihr glücklich geworden, stellte er sich vor: als seiner Lebensfigur. Er hätte sich nie mehr von ihr getrennt. Er suchte lang. Und gab nicht so schnell auf. Aber fand sie nirgends.

Er verbrachte Tage und Wochen mit seiner Suche. Und es wurde zu Zeiten als ziemlich sonderbar, ja eigentlich als unverschämt und fast schon justiziabel wahrgenommen, wie er mitten auf Gehwegen und Fußgängerfurten und Zebrastreifen und Parkplätzen und selbst in Biergärten den dort ihm begegnenden Frauen erst in die Gesichter und dort vor allem auf die Mundpartien starrte, dann ihnen lange hintersah und mit den Augen dem Rhythmus und der Art ihrer Schritte folgte. Die eine oder andere überlegte sich, ob sie nicht wegen derartiger durchaus als aufdringlich und unangenehm empfundener Beguckerei Anzeige erstatten sollte.

Um nichts auszulassen, verlegte der Dramatiker seine Such-Aktion, nachdem er das Zentrum der Stadt sorgsam abgegrast hatte, bis hinaus in die Vororte, die den See säumten. Dort bekam er Schwierigkeiten mit den Ruder- und Tennisclubs, in deren Vereinshäuser er ungebeten eindrang und selbst vor den Umkleideräumen nicht halt machte. Da er aber immer so rasch verschwand, wie er gekommen war, wurde er höchstens von einer der sich gerade umkleidenden reaktionsschnellen, wütend aufschreienden Damen mit einem scharf und gezielt geworfenen Tennisball am Rücken getroffen, aber nie gefasst. Er sei verrückt geworden, hieß es. Endlich aber verschwand er der Frau mit dem Apfel sozusagen hinterher, so wie sie ihm entschwunden war.

Und weil alle wussten, dass er zur Premiere seines Toten-Stücks gar nicht erst erscheinen wollte, fiel sein Verschwinden auch gar nicht groß auf. Gleichwohl die Uraufführung erst unterm Gejohle und den Trillerpfeifen der Truppen der klerikalen Fraktion im Stadtrat, die das im Papsthabit gekreuzigte Schwein nicht goutieren wollte, fast an den Rand des Abbruchs kam und also Schiffbruch zu erleiden drohte, dann aber dem Haus ein sensationell positives Echo in den Kritiken eintrug („Ein Jahrhundertereignis!" jubelte das Feuilleton). Und weil der Dramatiker auch sonst gewöhnlich sein Haus sehr selten verlassen und sich jedweder Öffentlichkeit und allem öffentlichem Auftreten sowieso verweigert hatte, bis er zeitweise als allzu öffentlicher fanatischer Frauensucher auffiel, war, nachdem das schnell ins Vergessen geriet, auch nicht weiter aufgefallen, dass es den Dramatiker irgendwann überhaupt nicht mehr gab. Und nur der Portier des Schauspielhauses trauerte. Um seinen Schnaps.

Abbildungsnachweis: Das Taxi von Rom © istock.com/Bellott

Bibliografische Information der Deutschen Nationalbibliothek
Die Deutsche Nationalbibliothek verzeichnet diese Publikation in der Deutschen Nationalbibliografie; detaillierte bibliografische Daten sind im Internet über http://dnb.dnb.de abrufbar.

Dischingerweg 5 · D-72070 Tübingen

Internet: www.kloepfer-narr.de
eMail: info@kloepfer-narr.de

CPI books GmbH, Leck

ISBN 978-3-7496-1020-4 (Print)
ISBN 978-3-7496-6020-9 (ePub)